## Suppen
Seite 4

## Salate
Seite 26

## Aufstriche
Seite 54

## Warme Speisen
Seite 80

## Ofengerichte
Seite 66

## Wildgemüsegerichte
Seite 124

# Luppen

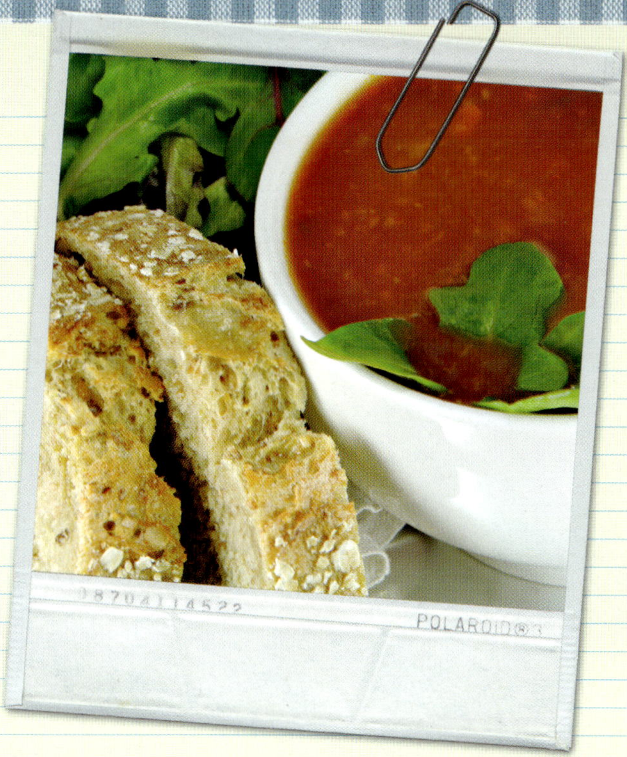
POLAROID®3

## Klare Steckrübensuppe (2 Portionen)

| | |
|---|---|
| 300 g Steckrüben | Putzen, waschen, schälen und in Streifen schneiden. |
| 50 g Porree<br>1 Schalotte | Putzen, waschen und in Ringe schneiden. |
| 1 EL Öl | Erhitzen und das Gemüse darin dünsten. |
| 1 TL Vollzucker | Über das Gemüse streuen und karamellisieren lassen. |
| 1/2 l Gemüsebrühe | Über das Gemüse geben und zum Kochen bringen. |
| 1 Stück Sternanis<br>1 Pimentkorn | Hinzugeben und 10 Min. im geschlossenen Topf köcheln lassen. |
| Meersalz, Pfeffer<br>Petersilie | Sternanis und Pimentkorn entfernen.<br>Würzen und abschmecken. |

## Erbsensuppe mit Minze (2 Portionen)

| | |
|---|---|
| 2 Frühlingszwiebeln | Putzen, waschen und in Ringe schneiden. |
| 1 EL Öl | Erhitzen und die Frühlingszwiebeln darin andünsten. |
| 400 g tiefgefrorene Erbsen | Hinzugeben. |

| | |
|---|---|
| 1/4 Bund Pfefferminze | Waschen, einige Blättchen für die Dekoration aufheben, restliche Minze kleinschneiden und zum Gemüse geben. |
| 1/2 l Gemüsebrühe | Aufgießen, zum Kochen bringen und 10 Min. im geschlossenen Topf köcheln lassen. |
| 100 ml Schlagsahne | Angießen und mit dem Pürierstab pürieren. |
| Meersalz, Pfeffer | Würzen, abschmecken und mit einigen Minzblättchen garniert servieren. |

**TIPP:** Sollte Ihnen die Suppe nicht grün genug sein, so geben Sie blanchierten Blattspinat zu und pürieren Sie ihn mit.

## Spinatsuppe (2 Portionen)

| | |
|---|---|
| 2 Schalotten<br>1 EL Öl | Pellen, würfeln und im heißen Öl andünsten. |
| 400 g tiefgekühlten Blattspinat | Zugeben. |
| 400 ml Gemüsebrühe | Auffüllen, zum Kochen bringen und im geschlossenen Topf auf kleiner Flamme 12 Min. köcheln lassen.<br>Mit dem Pürierstab pürieren. |

*Für Fortsetzung bitte umblättern*

| | |
|---|---|
| 1 Birne | Schälen, vom Kerngehäuse befreien und grob würfeln. In die Suppe geben. |
| 50 g Gorgonzola | Würfeln und zur Suppe geben. 1-2 Min. aufkochen lassen. |
| Meersalz, Pfeffer | Würzen und abschmecken. |

## Fenchelsuppe mit Croutons (2 Portionen)

| | |
|---|---|
| 2 Fenchelknollen | Das Grün von den Knollen abschneiden, grob hacken und für die Garnierung beiseite stellen. Knollen putzen, halbieren, vom Strunk befreien und klein schneiden. |
| 1 Zwiebel | Pellen und würfeln. |
| 300 ml Gemüsebrühe<br>100 ml Milch | Gemüse mit Flüssigkeit auffüllen und 20 Min. im geschlossenen Topf kochen lassen. Mit dem Pürierstab pürieren. |
| Meersalz, Pfeffer<br>1 TL Pesto | Würzen und abschmecken. |
| 2 Scheiben Brot<br>2 EL Öl | Würfeln und im heißen Öl anrösten. |
| | Suppe vor dem Servieren mit dem Fenchelgrün und den frisch gerösteten Brotwürfeln bestreuen. |

## Rote Linsensuppe (2 Portionen)

| | |
|---|---|
| 120 g rote Linsen<br>1/2 Stange Porree<br>1 Möhre<br>1 Stange Sellerie (ca. 80 g)<br>1 Knoblauchzehe | Gemüse putzen, waschen und klein schneiden.<br>Gemeinsam mit den Linsen in einen Topf geben. |
| 600 ml Gemüsebrühe | Aufgießen, zum Kochen bringen und im geschlossenen Topf 20 Min. kochen lassen. Mit dem Pürierstab grob pürieren. |
| Meersalz, Cayennepfeffer<br>1 EL Reform-Ketchup<br>(ohne Zucker) | Würzen und abschmecken. |
| frischer Schnittlauch | Vor dem Servieren mit frisch gehacktem Schnittlauch bestreuen. |

## Kartoffelsuppe mit Käse (2 Portionen)

| | |
|---|---|
| 350 g mehlig kochende Kartoffeln<br>1 Zwiebel<br>1 Knoblauchzehe<br>1 Stück Porree<br>1 Möhre | Kartoffeln und Gemüse schälen, putzen und kleinschneiden. |

*Für Fortsetzung bitte umblättern*

| | |
|---|---|
| 2 EL Öl | Erhitzen, Zwiebel und Porree anschwitzen, restliche Zutaten zugeben. |
| 500 ml Gemüsebrühe | Mit der Brühe auffüllen und im geschlossenen Topf bei kleiner Hitze 20 Min. kochen. Mit dem Pürierstab pürieren. |
| 50 ml Sahne | Unterrühren. |
| 30 g Butterkäse | Klein schneiden und in der Suppe schmelzen lassen. |
| Meersalz, Pfeffer | Würzen, abschmecken und servieren. |

## Exotische Möhrensuppe (2 Portionen)

| | |
|---|---|
| 500 g Möhren | Putzen, waschen und in 3 cm lange Stücke schneiden. |
| 1 Zwiebel | Pellen und grob würfeln. |
| 1/2 l Gemüsebrühe | Möhren und Zwiebeln in einen Kochtopf geben, mit der Brühe begießen, zum Kochen bringen und im geschlossenen Topf 30 Min. kochen lassen. Mit dem Pürierstab pürieren. |
| 100 g tiefgekühlten Spinat<br>30 g Kokosnuss-Creme<br>(ungesüßt, Konserve) | Zugeben und ca. 5 Min. köcheln lassen. Wenn die Suppe zu dick wird, etwas Wasser zugeben. |
| 1 EL Mandelmus<br>1 EL Crème Fraîche<br>Meersalz, Pfeffer | Unterrühren und abschmecken. |

## Bohnensuppe (2 Portionen)

| | |
|---|---|
| 100 g getrocknete weiße Bohnen | In kaltem Wasser über Nacht einweichen. |
| 1 Zwiebel, 1 Knoblauchzehe | Pellen und fein würfeln. |
| 1/2 Porreestange | Putzen, der Länge nach aufritzen, gründlich waschen und in feine Ringe schneiden. |
| 1 Möhre | Putzen, waschen und in Scheiben schneiden. |
| 50 g Sellerie | Putzen, waschen und würfeln. |
| 2 EL Öl | In einem großen Topf erhitzen, das vorbereitete Gemüse zugeben und etwa 3 Min. anschwitzen. |
| 2 EL Tomatenmark | Unterrühren. |
| | Die eingeweichten Bohnen abgießen und hinzugeben. |
| 700 ml Gemüsebrühe | Aufgießen, zum Kochen bringen und im geschlossenen Topf 50 Min. auf kleiner Flamme kochen lassen. |
| Meersalz, Pfeffer Basilikum, Rosmarin frisch geriebener Parmesan | Würzen und abschmecken. Nach Belieben mit Parmesan bestreuen und sofort servieren. |

**TIPP: Statt Möhren, Sellerie und Porree lässt sich auch tiefgekühltes Suppengemüse verwenden.**

## Gurkenkaltschale (2 Portionen)

| | |
|---|---|
| 1/4 l Buttermilch<br>250 g Kefir<br>1 gepresste Knoblauchzehe<br>Saft und Schale einer<br>ungespritzten Limette<br>Jodsalz, Pfeffer<br>1 Prise Vollzucker | Verrühren, kräftig würzen und abschmecken. |
| 1 Salatgurke (klein) | Waschen, grob raspeln und zur Suppe geben. |
| Petersilie, Dill | Mit frisch gehackten Kräutern bestreuen. |

## Exotische Kürbissuppe (2 Portionen)

| | |
|---|---|
| 250 g Kürbis<br>100 g Möhren | Putzen, schälen, waschen und in kleine Stücke schneiden. |
| 1/4 l Gemüsebrühe | Aufkochen. Gemüse zugeben und 20 Min. garen.<br>Mit dem Pürierstab pürieren. |
| 1 Scheibe Dinkelbrot<br>vom Vortag | Würfeln. |
| 1 EL Öl | Erhitzen und die Brotwürfel darin rösten. |

| | |
|---|---|
| 1 EL Kokosraspel | Zugeben und kurz mitrösten. |
| 1/2 Dose Kokosmilch (ungesüßt) | In die Suppe geben, kurz aufkochen lassen und abschmecken. |
| 200 ml Orangensaft 50 ml Schlagsahne 1/2 TL Curry 1/2 TL Curcuma 1/2 TL Paprika, edelsüß 1/2 TL Muskat 1/4 TL Kreuzkümmel je eine Prise Koriander, Cardamom, Zimt, Meersalz, Pfeffer | In Teller geben und mit der gerösteten Brot-Kokos-Mischung bestreuen. |

## *Pilzsuppe* (2 Portionen)

| | |
|---|---|
| 120 g Pfifferlinge | Säubern und kleinschneiden. |
| 20 g Öl | Erhitzen und die Pilze darin anbraten. Dabei hin und wieder wenden. Die Flüssigkeit sollte verkocht sein. |
| 30 g Vollgrieß | Unterrühren und kurz mitrösten. |
| 600 ml Gemüsebrühe | Aufgießen und im geschlossenen Topf 20 Min. auf kleiner Flamme kochen lassen. |

*Für Fortsetzung bitte umblättern*

| | |
|---|---|
| Meersalz, Pfeffer<br>Petersilie, Schnittlauch | Würzen und abschmecken. |

## Weisskohlsuppe (2 Portionen)

| | |
|---|---|
| 1 Zwiebel | Zwiebel pellen, halbieren und in feine Ringe schneiden. |
| 200 g Weißkohl | Weißkohl (ohne Strunk) in Streifen schneiden. |
| 1 EL Öl | Erhitzen, Zwiebel und Kohl ca. 3 Min. darin andünsten. |
| 1/2 l Gemüsebrühe | Mit der Brühe auffüllen, zum Kochen bringen und 15 Min. im geschlossenen Topf köcheln lassen. |
| Meersalz, Pfeffer<br>Senf, Muskat | Würzen und abschmecken. |
| frisch gehackte Petersilie | Vor dem Servieren mit der Petersilie bestreuen. |

## Sauerkrautsuppe aus Estland (2 Portionen)

| | |
|---|---|
| 400 g Sauerkraut<br>1/2 l Gemüsebrühe | Sauerkraut mit der Brühe auffüllen und 1 Stunde auf kleiner Flamme im geschlossenen Topf kochen. |

| | |
|---|---|
| 1 EL Öl<br>1 Zwiebel | Zwiebel schälen und würfeln und im heißen Öl glasig dünsten. |
| 1 Möhre<br>1 Petersilienwurzel | Schälen, würfeln und zu den Zwiebeln geben.<br>Alles in die Suppe geben und ca. 15 Minuten mitkochen. |
| 2 EL Reform-Margarine<br>2 EL Mehl<br>1/8 l Wasser | In einem kleinen Topf eine dicke Mehlschwitze anrühren. |
| 100 g Tomatenmark | Zur Schwitze geben und 4 Min. unter Rühren kochen lassen.<br>Dann in die Suppe geben. |
| Pfeffer, Salz | Vorsichtig würzen und abschmecken. |
| **Garnitur:**<br>50 g Saure Sahne<br>1 gepresste Knoblauchzehe<br>Dill, Petersilie | Mischen und auf jeden Teller ein kleines Häufchen setzen. |

## Selleriesuppe mit Käse (2 Portionen)

| | |
|---|---|
| 1 Zwiebel<br>1 Knoblauchzehe | Pellen und würfeln. |
| 2 Selleriestangen | Waschen und in Scheiben schneiden. |

*Für Fortsetzung bitte umblättern*

| | |
|---|---|
| 2 EL Öl | Erhitzen und das Gemüse darin anbraten. |
| 1 EL Mehl Typ 1050 | Zugeben und gut verrühren. |
| 300 ml Gemüsebrühe<br>150 ml Milch | Zugeben und aufkochen lassen. Im geschlossenen Topf auf kleiner Flamme 30 Min. kochen lassen. |
| 60g gewürfelten Bergkäse,-<br>20 g gehackte Walnüsse | Unterrühren. |
| 3 EL Joghurt, natur | In die Suppe geben, aber nicht mehr kochen lassen. |
| Meersalz, Pfeffer, frisch gehackte Sellerieblätter | Würzen und abschmecken. |

## Schwarzwurzelsuppe (2 Portionen)

| | |
|---|---|
| 400 g Schwarzwurzeln, Wasser, Essig | Waschen, schälen, in Stücke schneiden und in Essigwasser legen, damit sie nicht braun werden. |
| 1/2 l Gemüsebrühe | Die Schwarzwurzeln in die kochende Gemüsebrühe geben. Zugedeckt 20 Min. garen. |
| 50 ml Sahne | Sahne zugeben und mit dem Pürierstab pürieren. |
| Meersalz, Pfeffer, Muskat | Würzen und abschmecken. |

| | |
|---|---|
| frisch gehackten Schnittlauch | Vor dem Servieren über die Suppe geben. |

**TIPP:** Feinschmecker lieben frische Schwarzwurzeln und ziehen sie oft sogar dem Spargel vor. Leider sind sie nicht leicht zu schälen. Daher werden sie viel zu selten verwendet. Einfacher macht man sich das Schälen, wenn man die Schwarzwurzeln vorher einige Zeit in kaltes Wasser legt. Einige Köche schälen sie auch erst nach dem Kochen.

## Frische Tomatensuppe (2 Portionen)

| | |
|---|---|
| 400 g Tomaten | Waschen, vierteln, entkernen und würfeln. |
| 1 Zwiebel | Zwiebel pellen und würfeln. |
| 1 Möhre | Möhre schälen und würfeln. |
| 1 El Öl | Zwiebel- und Möhrenwürfel darin andünsten. |
| 1 Lorbeerblatt 300 ml Gemüsebrühe | Zugeben und im geschlossenen Topf 25 Min. garen. |
| Saft und Schale einer unbehandelten Orange 2 EL Crème Fraîche Meersalz, Pfeffer | Das Lorbeerblatt entfernen und die Suppe pürieren. Unterrühren und abschmecken. |

## Gurken-Dill-Suppe (2 Portionen)

| | |
|---|---|
| 1 große Salatgurke | Waschen, die Enden abschneiden, der Länge nach vierteln und die Kerne herausschneiden. Das Gurkenfleisch würfeln. |
| 20 g Reform-Margarine 400 ml Gemüsebrühe | Margarine erhitzen, Gurkenwürfel zugeben, mit der Brühe aufgießen und 2 Min. kochen lassen. |
| 20 g Weizenmehl Type 1050, 2 EL Wasser | Verrühren, an die Suppe rühren und 4 Min. kochen lassen, damit das Mehl gart. |
| 1 Eigelb 100 ml Sahne | Verrühren und die Suppe damit legieren. Dann kurz aufkochen lassen. |
| Meersalz, Pfeffer | Würzen und abschmecken. |
| 1/2 Bund frischen Dill | Fein hacken, zur Suppe geben und sofort servieren. |

## Gelbe Paprikasuppe (2 Portionen)

| | |
|---|---|
| 1 Zwiebel | Pellen und würfeln. |
| 2 gelbe Paprikaschoten | Waschen, vierteln, entkernen, Innenhäute entfernen und kleinschneiden. |
| 120 g Kartoffeln | Waschen, schälen und würfeln. |

| | |
|---|---|
| 2 EL Öl | Erhitzen, Zwiebel und Paprika darin anrösten, Kartoffeln zugeben. |
| 500 ml Gemüsebrühe | Zugeben und 30 Min. im geschlossenen Topf kochen lassen. |
| 1 Lorbeerblatt | Dann das Lorbeerblatt entfernen. |
| 6 EL Milch | Suppe pürieren, Milch unterrühren. |
| Meersalz, Pfeffer | Würzen und abschmecken. Dazu geröstetes Mehrkornbrot reichen. |

## Sellerie-Apfel-Suppe (2 Portionen)

| | |
|---|---|
| 1 Zwiebel | Pellen und würfeln. |
| 250 g Staudensellerie | Waschen, putzen und in kleine Stücke schneiden. |
| 1 EL Öl | Erhitzen und das Gemüse darin andünsten. |
| 2 EL feine Haferflocken | Unterrühren. |
| 300 ml Gemüsebrühe | Aufgießen und im geschlossenen Topf 20 Min. kochen. Pürieren. |
| Meersalz, Pfeffer Muskat, 50 g saure Sahne | Unterrühren und abschmecken. |
| 1 Apfel | Waschen, vierteln, vom Kerngehäuse befreien und in Stücke schneiden. |
| 1 Frühlingszwiebel | Putzen, waschen und in feine Ringe schneiden. |

*Für Fortsetzung bitte umblättern*

| | |
|---|---|
| 1 TL Öl | Apfel und Zwiebelstücke im heißen Öl glasig dünsten und zur Suppe geben. |

## Grünkohlsuppe mit Räuchertofu (2 Portionen)

| | |
|---|---|
| 500 g vorbereiteten Grünkohl, Wasser, Meersalz | Grünkohl ca. 3 Min. im kochenden Salzwasser blanchieren, abgießen und mit kaltem Wasser abschrecken. |
| 1 Zwiebel<br>1 Knoblauchzehe | Pellen und würfeln. |
| 1 EL Öl | Erhitzen, Zwiebel und Knoblauch zugeben und andünsten. Grünkohl zugeben. |
| 1/2 l Gemüsebrühe | Aufgießen und im geschlossenen Topf 35 Min. kochen lassen. Pürieren. |
| 60 g Soja Cremig Neutral, Meersalz, Pfeffer, Muskat | Einrühren und abschmecken. |
| 120 g Räuchertofu<br>1 EL Öl | Räuchertofu in Würfel schneiden und im heißen Öl anbraten. Vor dem Servieren auf die Suppe geben. Dazu frisches Dinkelbrot reichen. |

## Spargelsuppe (2 Portionen)

| | |
|---|---|
| 300 g Spargel | Waschen, holzige Enden abschneiden, schälen und in kleine Stücke schneiden. |
| 1/2 l Gemüsebrühe | Aufkochen, Spargel zugeben und 15 Min. kochen lassen. Spargel herausnehmen und warm halten. |
| 30 g Reform-Margarine<br>30 g Grünkernmehl | Mehlschwitze herstellen, mit dem Spargelsud ablöschen und 6 Min. kochen lassen, damit das Mehl gart. Ständig rühren, damit nichts anbrennt. |
| 80 ml Sahne oder Soja Cremig Neutral | In die Suppe rühren, aber nicht mehr kochen. |
| Meersalz, Pfeffer, frisch gehackter Dill | Würzen, abschmecken und die Spargelstücke in die Suppe geben. Roggentoast als Beilage reichen. |

## Zucchinisuppe mit Joghurt (2 Portionen)

| | |
|---|---|
| 2 Knoblauchzehen<br>1 Zwiebel | Pellen und fein würfeln. |
| 1 EL Öl | Erhitzen und die Zwiebel- und Knoblauchwürfel darin anschwitzen. |
| 150 g Naturjoghurt<br>1/4 l Gemüsebrühe<br>1 EL Mehl leicht gehäuft | Mit dem Schneebesen gut verrühren, hinzugeben und unter ständigem Rühren zum Kochen bringen. |

*Für Fortsetzung bitte umblättern*

| | |
|---|---|
| 1 Zucchini ca. 200 g | Waschen, Stielansätze abschneiden und zur Suppe geben. 5 Min. kochen lassen. |
| Meersalz, Pfeffer | Würzen und abschmecken. |
| 100 g Schafskäse | Würfeln und zur Suppe geben. |
| frisch geschnittenen Schnittlauch | Vor dem Servieren über die Suppe streuen. |

## Rübensuppe (2 Portionen)

| | |
|---|---|
| 1/2 kg Steckrüben | Waschen, schälen und würfeln. |
| 1/2 l Gemüsebrühe | In der Brühe 30 Min. kochen. Abgießen, Brühe auffangen. |
| 20 g Reform-Margarine 30 g Mehl Type 1050 | Mehlschwitze herstellen, mit 300 ml vom Kochsud aufgießen und 4 Min. kochen lassen. |
| | Die Rübenwürfel in der restlichen Brühe pürieren. Alles miteinander verrühren. |
| etwas Milch oder Sahne | Zur Verfeinerung unterrühren. |
| Meersalz, Pfeffer, Piment 1 Prise Vollzucker | Würzen und abschmecken. |

| | |
|---|---|
| 1 Scheibe Mehrkornbrot<br>1 EL Reform-Margarine | Brot würfeln und im heißen Fett rösten. Vor dem Servieren über die Suppe geben. |

## Linseneintopf (2 Portionen)

| | |
|---|---|
| 80 g braune Linsen<br>1/2 l Wasser | Zum Kochen bringen und auf kleiner Flamme 25 Min. kochen lassen. |
| 1 Knoblauchzehe<br>1 kleine Zwiebel<br>1 Möhre | Schälen, klein schneiden, zu den Linsen geben und weitere 15 Min. kochen lassen. |
| 2 Tomaten | Waschen, achteln und zugeben. |
| 100 g Spinat | Waschen, in Streifen schneiden und unterrühren. Weitere 5 Min. kochen. |
| Meersalz, Pfeffer, Liebstöckel, Petersilie, Rosmarin | Würzen und abschmecken. |
| 150 g Naturjoghurt<br>1 TL Olivenöl<br>1 TL Essig<br>Meersalz, Pfeffer | Verrühren, abschmecken, den Eintopf in die Suppenteller geben und den gewürzten Joghurt in die Mitte setzen. |

## Kürbissuppe (2 Portionen)

| | |
|---|---|
| 1 TL Öl<br>1 feingehackte Zwiebel<br>200 g Kürbisfleisch, gewürfelt<br>100 g Möhren, gewürfelt | Öl erhitzen und das Gemüse darin andünsten. |
| 400 ml Gemüsebrühe | Aufgießen und 20 Min. im geschlossenen Topf bei kleiner Hitze kochen lassen. Pürieren. |
| Saft 1 Zitrone<br>50 ml Sahne | Unterrühren und aufkochen. |
| Pfeffer, Muskat,<br>geriebener Ingwer | Würzen und abschmecken. |
| frisch gehackte Petersilie | Vor dem Anrichten über die Suppe streuen. |

### Wie pürieren?
*Es gibt zwei Möglichkeiten: Pürierstab oder Mixer. Der Pürierstab ist preiswert, kann direkt im Topf pürieren und eignet sich besonders für kleinere Mengen. Der Mixer ist leistungsstärker und es kann nichts herausspritzen, da in einem Glasgefäß mit Deckel püriert wird. Allerdings darf man den Mixbecher nicht zu voll füllen, denn sonst spritzt es beim Pürieren oben heraus.*

# Salate

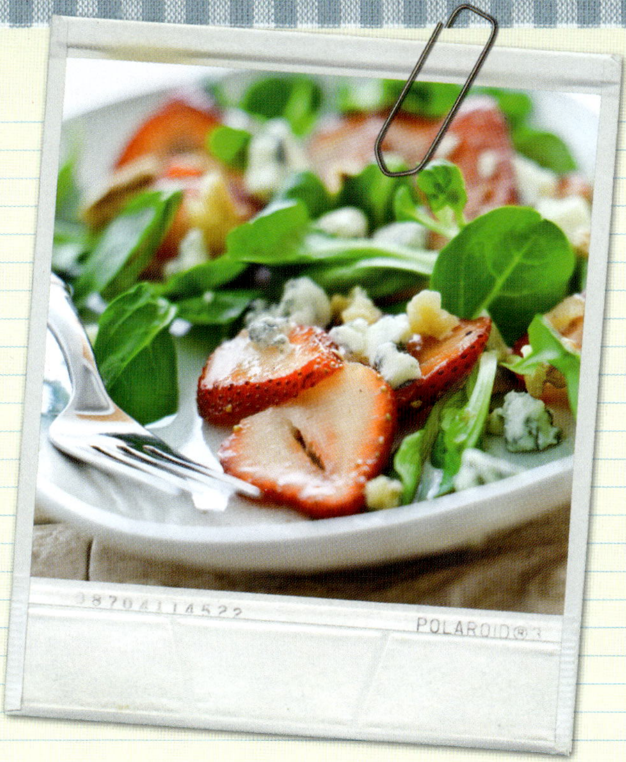
POLAROID®

## Möhren mit Erdnuß-Soße (2 Portionen)

| | |
|---|---|
| 300 g Möhren | Schälen und grob raspeln. |

**Soße:**
| | |
|---|---|
| 2 EL Erdnussmus<br>1 EL Apfelsaft<br>2 EL Crème Fraîche<br>Meersalz, Pfeffer | Verrühren und über die Möhren geben. |
| 1 EL Erdnussöl<br>2 EL Erdnusskerne | Die Nüsse im erhitzten Öl leicht bräunen und zum Salat geben. |

**Variation:**
| | |
|---|---|
| 40 g Rosinen<br>100 ml Apfelsaft | Die Rosinen im Saft 1-2 Stunden einweichen und zum Salat geben. |

## Fruchtiger Fenchelsalat (2 Portionen)

| | |
|---|---|
| 2 Fenchelknollen | Putzen, halbieren, Strunk entfernen und in feine Stücke schneiden. |
| 1 Apfelsine | Schälen, weiße Häute entfernen und in Stücke schneiden. |
| 1 Banane | Von der Schale befreien und in Scheiben schneiden. |

**Dressing:**
100 g Saure Sahne   Verrühren und zu den vorbereitenden Zutaten geben.
1 EL Haselnussmus
1 TL Ahornsirup
1 Prise Meersalz, Pfeffer

*TIPP: Wer abnehmen möchte, ersetzt die Saure Sahne durch Magerjoghurt.*

## Roter Wintersalat (2 Portionen)

**Dressing:**
2 EL Balsamico-Essig   Verrühren.
2 EL Walnussöl
2 EL Sahne
2 EL Apfelsaft
1 TL Meerrettich
Meersalz, Pfeffer
frisch gehackte Petersilie

1 Möhre   Schälen und grob raspeln.
1 Knolle Rote Bete
1/8 Stück Sellerieknolle

1 Apfel   Waschen, vierteln, Kerngehäuse entfernen und grob raspeln.
          Die vorbereitenden Zutaten mit dem Dressing vermischen.

4 Walnüsse   Knacken, von der Schale befreien, grob hacken und über den Salat geben.

## Sauerkraut mit Senf-Honig-Soße (2 Portionen)

| | |
|---|---|
| 300 g Frischkost-Sauerkraut | Aus der Verpackung nehmen und die Wacholderbeeren entfernen. |
| **Soße:** <br> 1 EL Rapsöl <br> 150 g Naturjoghurt <br> 1 TL groben Senf <br> 1 TL Honig <br> Pfeffer, Curry | Verrühren, abschmecken und vor dem Servieren über das Sauerkraut geben. |
| **Variation:** <br> 1/2 Papaya | Schälen, halbieren, die Kerne entfernen, in kleine Stücke schneiden und zum Salat geben. |

## Steckrübenrohkost (2 Portionen)

| | |
|---|---|
| 300 g Steckrüben | Schälen und fein raspeln. |
| 1/2 Stange Poree | Der Länge nach halbieren, gut waschen und feinschneiden. |
| 100 g frische Ananas | In Stücke schneiden. |

**Dressing:**

| | |
|---|---|
| 100 g Schlagsahne | Steifschlagen. |
| 150 g Naturjoghurt | Unter die Sahne rühren und mit den Zutaten mischen. |
| Saft 1 Zitrone | |
| Ahornsirup, Meersalz | |
| Pfeffer | |

*TIPP: In Schleswig-Holstein sind süße Salate sehr beliebt. Dieser z.B. wird mit reichlich Süßungsmittel und nur 1 Prise Salz und Pfeffer abgeschmeckt. Wer pikante Salate bevorzugt, sollte mit dem Süßen sparsam sein und stattdessen etwas mehr Salz und Pfeffer benutzen.*

*TIPP: Wintergemüse wie Steckrüben und Poree sind lange haltbar. Daher macht es auch für einen kleinen Haushalt Sinn, sich eine ganze Steckrübe zu kaufen und sie innerhalb eines Monats zu verbrauchen. Auf jeden Fall kühl lagern.*

## Steckrübensalat (2 Portionen)

| | |
|---|---|
| 1 Zwiebel | Pellen, halbieren und in feine Streifen schneiden. |
| 300 g Steckrüben | Schälen, in dünne Scheiben schneiden und dann in 3 cm lange Streifen schneiden. |
| Wasser, Meersalz | Aufkochen und das Gemüse 3 Min. darin kochen. Abgießen. |
| 1 Frühlingszwiebel | Putzen und in feine Streifen schneiden. |

*Für Fortsetzung bitte umblättern*

**Dressing:**
2 EL Apfelessig
2 EL Kürbiskernöl
Meersalz, Pfeffer
1/2 TL flüssiger Honig

Verrühren, über den Salat geben, 30 Min. ziehen lassen und abschmecken.

2 EL Kürbiskerne

In einer trockenen Pfanne rösten und über den Salat streuen.

## *Porreerohkost* (2 Portionen)

2 Stangen Porree — Waschen, putzen und in feine Ringe schneiden.

1 Möhre
100 g Champignons

Waschen, putzen, grob raspeln,
Champignons in Scheiben schneiden.

**Dressing:**
150 g Naturjoghurt
1 EL Majonnaise 30 % Fett
1 TL Senf
1 TL Essig
1/2 TL Agavendicksaft
Meersalz, Pfeffer
frisch gehackte Petersilie

Zu einem Dressing verrühren, abschmecken, mit dem Salat vermischen und etwas durchziehen lassen.

## Porreesalat mit Mais (2 Portionen)

| | |
|---|---|
| 2 Porreestangen | Waschen, putzen und in feine Ringe schneiden. |
| 200 ml Gemüsebrühe | Aufkochen, Poree hineingeben, 2 Min. garen und auf einem Durchschlag abtropfen lassen. |
| 100 g Kirschtomaten | Waschen und halbieren. |
| 60 g Emmentaler Käse | In Streifen schneiden. |
| 200 g abgetropften Mais | Hinzugeben. |

**Dressing:**
| | |
|---|---|
| 3 EL Sonnenblumenöl<br>2 EL Essig<br>Meersalz, Pfeffer<br>frisch gehackte Kräuter | Verrühren und über den Salat geben. |
| einige Blätter Eisbergsalat | Waschen, abtropfen lassen und auf 2 Salatschälchen verteilen. Den Poreesalat darauf anrichten. |

## Weißer Bohnensalat (2 Portionen)

| | |
|---|---|
| 100 g weiße Bohnen | Über Nacht in reichlich Wasser einweichen. Aufkochen und ca. 25 Min. garen, abgießen. |

*Für Fortsetzung bitte umblättern*

**Dressing:**
2 EL Essig
2 EL Öl
1 gepreßte Knoblauchzehe
1 gewürfelte Zwiebel
Meersalz, Pfeffer

Verrühren, über die Bohnen geben und einige Stunden ziehen lassen.

1/2 Kopf Römersalat

Waschen, abtropfen lassen, in mundgerechte Stücke teilen und unter dem Bohnensalat anrichten.

## *Brokkolisalat mit Schafskäse* (2 Portionen)

500 g (evtl.) tiefgefrorene Brokkoliröschen
1/4 L Gemüsebrühe

Brühe aufkochen und den Brokkoli 5 Min. darin garen. Auf einen Durchschlag geben, abtropfen und abkühlen lassen.

1 Gewürzgurke

Würfeln.

1 rote Zwiebel

Schälen, halbieren und fein würfeln.

100 g Schafskäse

Würfeln.

50 g Maiskörner

Hinzugeben.

**Dressing:**
50 g Remoulade  Verrühren und mit den Zutaten vermengen.
150 g Naturjoghurt
Meersalz, Pfeffer
Frisch gehackte Petersilie

TIPP: Dieser Salat eignet sich gut als Brotbelag. Dann sollten alle Zutaten etwas kleiner geschnitten werden.

Super gesund: Brokkoli
Brokkoli sollten Sie mindestens einmal pro Woche essen. Denn der sogenannte Spargelkohl liefert viel Carotin, Vitamin C und die Mineralstoffe Eisen, Kalium und Kalzium. Brokkoli ist eine der kalziumreichsten Gemüsesorten. Außerdem hat er pro Portion (250 g) nur 55 Kalorien.

## Gurken-Tomaten-Salat (2 Portionen)

| | |
|---|---|
| 1 Salatgurke | Schälen, der Länge nach halbieren und in 1 cm große Stücke schneiden. |
| 1 rote Zwiebel | Pellen, halbieren und in dünne Ringe schneiden. |
| 2 Flaschentomaten | Waschen, vom Stielansatz befreien und achteln. |

**Dressing:**
1 Knoblauchzehe  Pellen und fein hacken.

1/4 Bund Petersilie  Waschen, abtropfen lassen und zerschneiden.

*Für Fortsetzung bitte umblättern*

| | |
|---|---|
| 1 Becher Joghurt natur 150 g<br>Meersalz, Pfeffer<br>1 Prise Vollzucker | Verrühren, abschmecken, Knoblauch und Petersilie zugeben und kühl stellen. |

Kurz vor dem Servieren alle Zutaten miteinander mischen.

## Bohnen-Curry-Salat (2 Portionen)

| | |
|---|---|
| 250 g frische Bohnen | Waschen, putzen und in schräge Stücke schneiden. |
| Wasser, Meersalz | Im kochenden Wasser 20 Min. garen. Abgießen. |
| 1 Zwiebel | Pellen, halbieren und würfeln. |
| 1 EL Öl | Erhitzen und die Zwiebelwürfel darin glasig dünsten. |
| 2 EL Curry | Unterrühren und 2 Min. garen. |
| 1 EL Vollzucker<br>50 ml Gemüsebrühe | Zugeben und die Bohnen unterrühren. Aufkochen. |
| 1 TL Mehl Type 1050<br>40 ml Weinessig | Mit dem Schneebesen verrühren. Mit einem Kochlöffel in die Gemüsemischung rühren. Aufkochen lassen und beiseite stellen. |

**TIPP:** Der Salat schmeckt lauwarm oder kalt. Auch nach 3-4 Tagen im Kühlschrank ist er noch köstlich.

## Feldsalat mit Walnüssen (2 Portionen)

| | |
|---|---|
| 100 g Feldsalat | Putzen, waschen und abtropfen lassen. |

**Dressing:**
| | |
|---|---|
| 2 EL Weißweinessig<br>1 TL Zitronensaft<br>2 EL Walnussöl<br>1 TL Senf<br>1 EL gehackte Petersilie<br>Meersalz, Pfeffer | Mit dem Schneebesen gut verrühren. Über den Salat gießen. |
| 2 EL grob gehackte Walnüsse | Den Salat damit bestreuen. |

## Marinierter Grünkohl (2 Portionen)

| | |
|---|---|
| 400 g Grünkohl | Putzen, waschen und kleinschneiden. |
| 1 L Wasser<br>1/2 TL Meersalz | Aufkochen und den Grünkohl 5 Min. köcheln lassen.<br>Abgießen und gut abtropfen lassen. |

*Für Fortsetzung bitte umblättern*

**Dressing:**
1 gepresste Knoblauchzehe   Verrühren und über den Grünkohl geben.
Schale und Saft             Mindestens 2 Stunden durchziehen lassen.
1 unbehandelten Zitrone
1 Prise Chili
1 EL Senf
Meersalz, Pfeffer

## Sauerkrautfrischkost mit Roter Bete (2 Portionen)

100 g Frischkost-Sauerkraut
100 g Rote Bete, fein gerieben

**Dressing:**
1 EL Saure Sahne            Verrühren, abschmecken und mit dem Gemüse mischen.
2 EL Naturjoghurt           In eine verschließbare Dose geben und im Kühlschrank lagern.
Ahornsirup nach Geschmack
Senf, Pfeffer

## Rote Bete Rohkost (2 Portionen)

**TIPP: Beim Schälen und Raspeln eventuell Gummihandschuhe anziehen.**

1 kleine Zwiebel            Zwiebel pellen und fein würfeln.

| | |
|---|---|
| 2 Rote Bete<br>1 Apfel | Rote Bete und Apfel schälen, Apfel entkernen und beides grob raspeln. |
| **Dressing:**<br>100 g Joghurt, natur<br>100 g Crème Fraîche<br>Meersalz, Pfeffer<br>1 Prise Vollzucker<br>feingehackten Dill<br>feingehackte Petersilie | Verrühren, abschmecken und mit den weiteren Zutaten vermischen. |

## *Eier im Gemüsebett* (2 Portionen)

| | |
|---|---|
| 200 g Selleriestreifen<br>Meersalz<br>Wasser | Sellerie schälen, in feine Streifen schneiden oder hobeln. Im Salzwasser 2 Minuten kochen, abgießen und auf den Boden einer flachen Form verteilen. |
| 2 hartgekochte Eier | Pellen, halbieren und mit der Wölbung nach oben auf den Sellerie legen. |
| 1 feingeraspelte Möhre | Über die Eier streuen. |
| **Dressing:**<br>100 g Dickmilch<br>1 EL Remoulade<br>Meersalz, Pfeffer, Petersilie<br>1/2 TL Meerrettich | Verrühren, abschmecken, über den Salat gießen.<br>Form verschließen und im Kühlschrank aufbewahren. |

## Bohnensalat (2 Portionen)

| | |
|---|---|
| 100 g getrocknete weiße Bohnen | In reichlich Wasser über Nacht einweichen, abgießen, mit frischem Wasser aufsetzen und 35 Min. auf kleiner Flamme köcheln lassen. Abgießen. |
| 1 Tomate | Waschen, Stielansatz entfernen und grob würfeln. |
| 1 rote Zwiebel | Schälen, halbieren und in feine Ringe schneiden. |
| 1 rote Paprikaschote | Waschen, putzen, Kerne und Trennhäute entfernen und in feine Streifen schneiden. |
| 1/2 Bund Petersilie | Waschen und fein hacken. |

**Dressing:**
| | |
|---|---|
| 3 EL Olivenöl 2 EL Essig Meersalz, Pfeffer, Dill | Verrühren und über den Salat geben. |

*TIPP: Ganz schnell geht dieser Salat, wenn die Bohnen schon fertig gekocht aus dem Glas verwendet werden.*

## Zuckerschotensalat mit Nüssen (2 Portionen)

| | |
|---|---|
| 400 g Zuckerschoten | Waschen, putzen und etwas kleinschneiden. |

| | |
|---|---|
| Wasser, Meersalz | Die Schoten 6 Min. im Salzwasser kochen, abgießen und mit kaltem Wasser abschrecken, damit sie schön grün bleiben. |
| **Dressing:**<br>3 EL Haselnussmus<br>2 EL Essig<br>1 TL Senf<br>1 TL flüssigen Honig<br>Pfeffer | Verrühren und über die Schoten geben. |
| einige Haselnüsse | Grob hacken und über den Salat streuen. |

## Selleriesalat mit Nüssen (2 Portionen)

| | |
|---|---|
| 2 Selleriestangen | Waschen und in feine Scheiben schneiden. |
| 200 g geputzten Knollensellerie | Grob raspeln. |
| 1 TL Zitronensaft | Sofort über den Sellerie geben. |
| 2 Frühlingszwiebeln | Waschen und in feine Ringe schneiden. |
| 2 EL gehackte Walnüsse | Mit übrigen Zutaten mischen. |

*Für Fortsetzung bitte umblättern*

**Dressing:**
3 EL Walnussöl  
1 EL Haselnussmus  
1 TL flüssigen Honig  
1 EL frisch gehackten Thymian, 1 Prise Meersalz

Verrühren und unter den Salat heben.

## Radieschensalat (2 Portionen)

1 Bund Radieschen — Putzen, waschen und halbieren.

einige Blätter grünen Salat — Verlesen, waschen und etwas kleinzupfen.

60 g Camembert — Würfeln und hinzugeben.

**Dressing:**
4 EL Gemüsebrühe  
1 Messerspitze Johannisbrotkernmehl

Verrühren und etwas quellen lassen, damit das Dressing Bindung bekommt.

1 EL Essig  
1 EL Öl  
1 TL Senf

Unterrühren und über den Salat gießen.

frisch gehackte Kräuter z.B. Dill, Petersilie, Kerbel — Zur Garnierung verwenden.

**TIPP:** Johannisbrotkernmehl ist ein pflanzliches Bindemittel. Es lässt sich für warme und kalte Speisen verwenden. Im kalten Zustand braucht man etwas mehr als im warmen Zustand. Es ist zu beachten, dass die Bindung eine gewisse Zeit benötigt, anders als z.B. bei Mehl oder Stärke. Der Vorteil besteht darin, dass es klar ist und so gut wie keine Energie enthält.

## Mediterraner Bohnensalat (2 Portionen)

| | |
|---|---|
| 150 g Dicke Bohnen<br>100 ml Gemüsebrühe | Die Bohnen in der Gemüsebrühe 20 Min. garen. Abgießen und abtropfen lassen. |
| 40 g Schafskäse | Würfeln. |

**Dressing:**

| | |
|---|---|
| 1 EL Essig<br>2 EL Olivenöl<br>Thymian, Oregano,<br>Meersalz, Pfeffer | Verrühren, über den Salat gießen und durchziehen lassen. |

**Küchentipp:** Frische Dicke Bohnen haben einen hohen Schalenanteil. Das Verhältnis ist 4:1. Das heißt 1 kg frische Dicke Bohnen ergeben ohne Schale 250 g Bohnenkerne.

## Wirsing-Salat (2 Portionen)

| | |
|---|---|
| 200 g Wirsing | Putzen, waschen und in feine Streifen schneiden. |
| Wasser, Meersalz | 3 Min. ins kochende Salzwasser geben. Auf einem Durchschlag gut abtropfen lassen. |
| | |
| 100 g Sellerie, geputzt | Waschen, Apfel vierteln und vom Kerngehäuse befreien. |
| 1 Apfel | Beides grob raspeln. |

**Dressing:**
| | |
|---|---|
| 150 g Naturjoghurt | Verrühren und mit den übrigen Zutaten vermischen. |
| 1 EL Sahne | |
| 1 EL Zitronensaft | |
| 1 EL Ahornsirup | |

## Warmer Zucchinisalat (2 Portionen)

| | |
|---|---|
| 300 g Zucchini | Putzen, waschen und mit dem Bundmesser in 1/2 cm dicke Scheiben schneiden. |
| | |
| 1/4 l Gemüsebrühe | Zucchini 4 Min. in der kochenden Gemüsebrühe garen. Auf einem Durchschlag abtropfen lassen und sofort mit der Salatsoße begießen. |

**Dressing:**
1 kl. Zwiebel         Pellen und fein würfeln.
1 Knoblauchzehe

2 EL Weinessig        Hinzurühren und mit den übrigen Zutaten vermengen.
2 EL Olivenöl
Meersalz, Pfeffer,
frische Kresse

## Feldsalat mit Orangen (2 Portionen)

100 g Feldsalat       Putzen, waschen und gut abtropfen lassen.

1 Orange              Filetieren, den Saft dabei auffangen.

2 EL Essig            Zum Orangensaft geben, gut verrühren und alle Zutaten
2 EL Rapsöl           miteinander vermischen.
1/2 EL flüssigen Honig
1/2 TL Senf
Meersalz, Pfeffer

## Krautsalat mit Erdnüssen (2 Portionen)

| | |
|---|---|
| 300 g Weißkohl<br>1/2 TL Meersalz | Putzen, fein hobeln und mit den Knethaken der Küchenmaschine 10 Min. kräftig durchkneten. |

**Dressing:**

| | |
|---|---|
| 60 g Saure Sahne<br>1 EL Erdnussmus<br>Saft 1/2 Zitrone<br>1 Prise Pfeffer | Unterrühren. |
| 1 roter Apfel | Den Apfel waschen, vierteln, vom Kerngehäuse befreien und fein würfeln. Unter die Rohkost geben. |
| einige frische Erdnusskerne | Unter die Rohkost heben. |

**Variation:**
Den Apfel durch eine Banane ersetzen.

## Rotkohlsalat (2 Portionen)

| | |
|---|---|
| 200 g Rotkohl<br>2 EL Obstessig<br>Meersalz, Pfeffer | Putzen und fein hobeln.<br>Mit Essig und Gewürzen mischen und über Nacht durchziehen lassen. |

| | |
|---|---|
| 1 Birne | Waschen, vierteln, vom Kerngehäuse befreien, in kleine Stücke schneiden und unterheben. |
| 2 EL Birnendicksaft (Reformhaus) 2 EL Erdnussöl 2 EL gesalzene Erdnüsse | Unterrühren und abschmecken. |

## *Rotkohlsalat mit Preiselbeeren* (2 Portionen)

| | |
|---|---|
| 300 g Rotkohl | Putzen und fein hobeln. |
| Meersalz, Pfeffer 1 EL Essig 1 TL Senf | Zugeben und mit den Knethaken der Küchenmaschine 10 Min. kräftig durchkneten. |
| 50 g Preiselbeerkonfitüre 1 EL Zitronensaft | Zugeben und 1 weitere Minute kneten. |

## *Rucola-Salat* (2 Portionen)

| | |
|---|---|
| 2 EL Pinienkerne | In der trockenen Pfanne rösten, häufig wenden, damit sie nicht zu dunkel werden. |

*Für Fortsetzung bitte umblättern*

| | |
|---|---|
| 100 g Rucola | Verlesen, waschen und abtropfen lassen. Etwas klein schneiden. |
| 1 Avocado | Die Avocado halbieren, den Kern entfernen, schälen und das Fruchtfleisch in Spalten schneiden. |
| **Dressing:**<br>2 EL Zitronensaft<br>1 TL Sesamöl<br>2 TL Ahornsirup | Verrühren. |
| Zitronenmelisse, Minze, Basilikum | Waschen, abtropfen lassen und ganz fein schneiden. Alle Zutaten miteinander mischen. |

## Schwarzwurzelsalat in Tomatendressing (2 Portionen)

| | |
|---|---|
| 400 g Schwarzwurzeln<br>Wasser, Essig | Waschen, schälen, in Stücke schneiden und in Essigwasser legen, damit sie nicht braun werden. |
| Wasser, Meersalz | Die Schwarzwurzeln in wenig Salzwasser 15 Min. im geschlossenen Topf garen. Abgießen und gut abtropfen lassen. |

**Dressing:**

| | |
|---|---|
| 50 g getrocknete Tomaten in Öl | Tomaten auf einen Durchschlag geben. Das Öl auffangen und die Tomaten ganz fein zerschneiden. |
| 2 EL Essig<br>Saft 1/2 Orange<br>1 TL Senf<br>Pfeffer | Mit dem aufgefangenen Öl verrühren und über die noch warmen Schwarzwurzeln geben. So zieht das Dressing besser ein. |
| frisch gehackten Schnittlauch | Vor dem Servieren über den Salat streuen. |

## Gefüllte Tomaten (2 Portionen)

| | |
|---|---|
| 2 große Tomaten | Waschen, abtupfen, Deckel abschneiden und vorsichtig aushöhlen. |

**Brotsalat:**

| | |
|---|---|
| 2 Scheiben Mehrkornbrot | In 1 cm große Würfel schneiden. |
| 2 EL Olivenöl | Erhitzen und die Brotwürfel darin knusprig braten. |
| 1 kl. Zwiebel | Pellen und fein würfeln. |
| 1 kl. gelbe Paprikaschote | Waschen, vierteln, Kerne und Innenhäute entfernen und würfeln. |
| frisches Basilikum | Waschen und fein schneiden. |

*Für Fortsetzung bitte umblättern*

| | |
|---|---|
| 1 EL Öl<br>2 EL Essig<br>Meersalz, Pfeffer | Verrühren, mit den übrigen Zutaten mischen und in die Tomaten füllen. |

## Orientalischer Tomatensalat (2 Portionen)

| | |
|---|---|
| 100 g Bulgur<br>Wasser, Meersalz | Nach Packungsanweisung kochen und auf einem Sieb abtropfen lassen. |
| 1/2 Bund Frühlingszwiebel | Putzen, waschen und in feine Ringe schneiden. |
| 300 g Flaschentomaten | Waschen, putzen, halbieren und in Scheiben schneiden. |
| glatte Petersilie<br>frische Minze | Waschen und hacken. |
| **Dressing:**<br>Saft 1 Zitrone<br>2 EL Sonnenblumenkernöl<br>Meersalz, Pfeffer | Verrühren und mit den übrigen Zutaten mischen. |

*TIPP: Tomatenliebhaber wissen ein Tomatenmesser zu schätzen. Denn wer versucht, die Tomaten mit dem Besteckmesser in Scheiben zu schneiden, dem werden keine Tomatenscheiben gelingen. Die Klinge eines Tomatenmessers hat einen Sägeschliff, der die Tomatenhaut gut einritzen kann. Die gezackte Spitze eignet sich zum Aufspießen von Tomatenscheiben oder -stücken.*

## Möhrenrohkost mit Weintrauben (2 Portionen)

| | |
|---|---|
| 200 g Möhren | Putzen und grob raspeln. |
| 100 g kernlose Weintrauben | Waschen und von den Stielen befreien. |
| 10 Haselnüsse | Grob hacken. |
| 1 Stück kandierten Ingwer | Fein würfeln. |

**Dressing:**
150 g Naturjoghurt　　　　Verrühren und mit den übrigen Zutaten mischen.
Saft 1/2 Zitrone
1 EL Ahornsirup
1 Prise Nelken
1 Prise Zimt

## Fruchtiger Eisbergsalat (2 Portionen)

| | |
|---|---|
| 1/4 Kopf Eisbergsalat | Putzen, waschen und in mundgerechte Stücke schneiden. |
| 1/2 Honigmelone | Vierteln, Kerne entfernen, Schale abschneiden und das Fruchtfleisch grob würfeln. |

*Für Fortsetzung bitte umblättern*

**Dressing:**
300 g Naturjoghurt
1 EL Crème Fraîche
Saft 1 Zitrone
Ahornsirup
frisch gehackte Minze und Zitronenmelisse

Verrühren, abschmecken und mit Salat und Melone mischen.

## Kopfsalat mit Buttermilch (2 Portionen)

1/2 Kopf grünen Salat

Blätter lösen, waschen, welke Blätter entfernen, in mundgerechte Stücke zupfen und abtropfen lassen.

**Dressing:**
1/4 l Buttermilch
frischen Zitronensaft
Vollzucker

Zu einem schmackhaften Dressing verrühren und über den Salat gießen.

**TIPP:** Vom Dressing etwas mehr anrühren und als erfrischendes Getränk reichen.

# Aufstriche

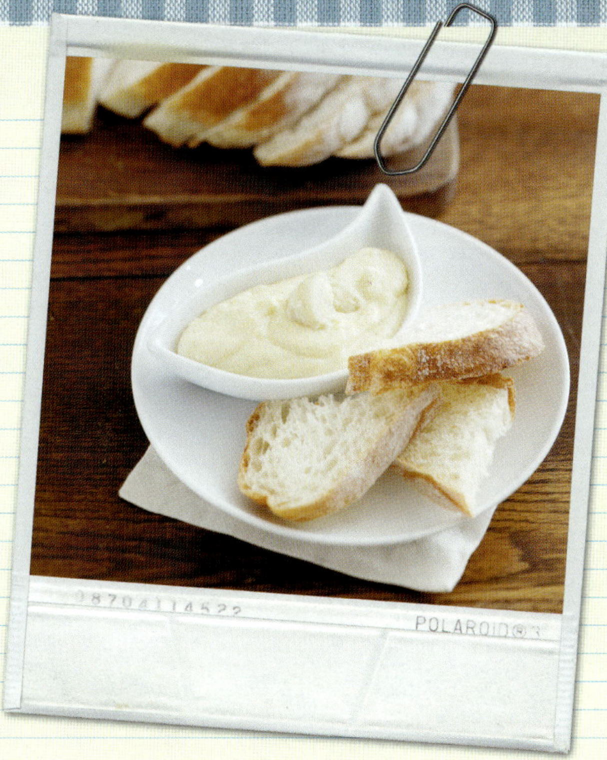
POLAROID®

## Paprika-Brotaufstrich

| | |
|---|---|
| 1 rote Paprikaschote<br>1 gelbe Paprikaschote | Vierteln, Innenhäute und Kerne entfernen, waschen und würfeln. |
| 1 Gemüsezwiebel | Pellen, halbieren und würfeln. |
| 1 Knoblauchzehe | Abpellen und würfeln. |
| 1 EL Rapsöl | Erhitzen, das vorbereitete Gemüse zugeben und 2 Min. anbraten. |
| 1 EL Wasser | Zugeben und 6 Min. dünsten. |
| 2 gehäufte EL Tomatenmark | Unter das Gemüse rühren, mit dem Pürierstab mixen. |
| 1/4 TL Sambal Olek<br>1/2 EL Thymian, getrocknet<br>1/2 EL Oregano, getrocnet<br>Meersalz, Pfeffer | Würzen und abschmecken. Nach dem Erkalten in Twist-Off-Gläser füllen und im Kühlschrank lagern. Innerhalb von 5 Tagen verbrauchen. |

## Guacamole – mexikanischer Brotaufstrich

| | |
|---|---|
| 1 reife Avocado | Längs aufschneiden, drehen und vom Kern befreien. Mit einem Teelöffel das Fruchtfleisch aus der Schale entfernen. |

| | |
|---|---|
| 1/2 TL Zitronensaft<br>Meersalz, Pfeffer | Zugeben und mit einer Gabel zerdrücken. |
| 1 Knoblauchzehe | Pellen, würfeln und unterheben. |
| 1 Tomate | Vierteln, weiches Innenleben entfernen und das Tomatenfleisch würfeln. Unterheben. |

**TIPP:** Wer mag, kann die Guacamole zusätzlich mit Senf, Tabasco oder Basilikum würzen.

## Möhren-Birnen-Aufstrich

| | |
|---|---|
| 3 mittelgroße Möhren | Schälen und fein raspeln. |
| 1 Birne | Schälen und fein schneiden. |
| 1 Zwiebel | Pellen und fein würfeln. |
| 1 EL Rapsöl | Erhitzen und die vorbereiteten Zutaten ca. 4 Min. dünsten. |
| 2 EL Meerrettich<br>Meersalz, Pfeffer | Würzen und abschmecken. Nach dem Erkalten in Twist-Off-Gläser füllen und im Kühlschrank lagern. Innerhalb von 5 Tagen verbrauchen. |

# Erbsen-Eier-Salat

| | |
|---|---|
| 5 Eier<br>Wasser | In 8 Min. hart kochen, abschrecken, abkühlen lassen, pellen und mit dem Eischneider einmal längs und einmal quer durchschneiden. |
| 2 Gewürzgurken | In feine Würfel schneiden. |
| 50 g Erbsen<br>Wasser | In etwas Wasser 6 Min. kochen, abgießen und abkühlen lassen. |

**Dressing:**
100 g Majonnaise 30 % Fett    Zu einer Salatsoße verrühren. Über die vorbereiteten
150 g Naturjoghurt    Zutaten geben und gut verrühren.
1 TL Senf
Meersalz, Pfeffer
feingehackten Dill

**Variation:**
2 EL Kapern unter den Salat heben.

# Zwiebel-Nuss-Aufstrich

120 g Zwiebeln, geschält    Zwiebeln und Knoblauch fein würfeln und im heißen
2 Knoblauchzehen, geschält    Öl glasig dünsten.
1 TL Nussöl

| | |
|---|---|
| 1 TL Majoran<br>1 TL Thymian<br>40 g gehackte Haselnüsse<br>1 TL Gemüsebrühe | Zu den Zwiebelwürfeln geben und 2 Min. mitbraten, dann abkühlen lassen. |
| 100 g körnigen Frischkäse<br>Meersalz, Pfeffer | Unter die Zwiebelmasse rühren, würzen und abschmecken. |

**Variation:**
Körnigen Frischkäse durch Kräuter-Frischkäse ersetzen.

# Kürbisaufstrich

| | |
|---|---|
| 300 g Kürbisfleisch<br>300 ml Wasser | Kürbis würfeln und im Wasser 15-20 Min. garen. Auf einem Durchschlag abtropfen lassen. Mit dem Pürierstab pürieren. |
| 1 Messlöffel Biobin*<br>Johannisbrotkernmehl | Mit dem Schneebesen unterrühren. |
| 2 EL Kleehonig<br>3 EL gemahlene Kürbiskerne<br>1 Prise Ingwerpulver | Unterrühren, abschmecken, abkühlen lassen und in eine verschließbare Dose geben. Kühl lagern. |

\* Biobin ist ein Produkt aus Johannisbrotkernmehl; es ist ein energiefreies Bindemittel. Der Messlöffel liegt dem Produkt bei.

## Champignonaufstrich

| | |
|---|---|
| 500 g Champignons | Waschen, gut abtropfen lassen, in Scheiben schneiden, große Pilze vorher einmal halbieren. |
| 2 EL Rapsöl | Öl in einer großen Pfanne erhitzen, Pilze zugeben und braten, bis sie leicht gebräunt sind. |
| Meersalz, Thymian | Würzen, abschmecken und noch warm auf das Brot geben. |

## Bärlauchaufstrich mit Oliven

| | |
|---|---|
| 2 Bund frischen Bärlauch | Waschen und abtropfen lassen. Grobe Stiele entfernen und in feine Streifen schneiden. |
| 60 g entsteinte Oliven | In feine Würfel schneiden. |
| 100 g Räuchertofu<br>100 g Ziegenfrischkäse<br>2 EL Olivenöl | Mit dem Pürierstab fein mixen und abschmecken. |
| Meersalz, Pfeffer | Bärlauch und Oliven unterheben. In ein Schraubglas geben, im Kühlschrank lagern und innerhalb von 5 Tagen verbrauchen. |

## Pikanter Brotaufstrich mit Dicken Bohnen

| | |
|---|---|
| 1 Zwiebel<br>1 Knoblauchzehe | Pellen und würfeln. |
| 2 EL Olivenöl | Zwiebel und Knoblauch im heißen Öl andünsten. |
| 500 g Dicke Bohnen | Zugeben. |
| 1 Fleischtomate | Waschen, Stielansatz entfernen, kleinschneiden und zugeben. |
| 100 ml Gemüsebrühe | Aufgießen und im geschlossenen Topf 20 Min. kochen lassen. |
| 3 EL Tomatenmark | Zugeben und alles pürieren. |
| 1 EL Zitronensaft<br>Meersalz, Pfeffer<br>Kräuter der Provence | Würzen, abschmecken und nach dem Erkalten in Twist-Off-Gläser füllen.<br>Im Kühlschrank lagern und innerhalb von 5 Tagen verbrauchen. |

## Würzige Pilzcreme

| | |
|---|---|
| 600 g Steinpilze oder Maronen | Putzen, sauber bürsten und fein hacken. |
| 2 Schalotten<br>2 Knoblauchzehen | Pellen und fein würfeln. |

*Für Fortsetzung bitte umblättern*

| | |
|---|---|
| 2 EL Olivenöl | Erhitzen und das Gemüse darin braten, bis alle Flüssigkeit verdampft ist. |
| Rosmarin, Thymian, Petersilie | Waschen, abtropfen lassen, fein schneiden und zum Gemüse geben. |
| | Mit dem Pürierstab pürieren. |
| Meersalz, Pfeffer | Würzen, abschmecken und nach dem Erkalten in Twist-Off-Gläser geben. Im Kühlschrank lagern und innerhalb von 5 Tagen verbrauchen. |

**TIPP:** Pilzkenner freuen sich auf den Herbst, denn sie kennen die richtigen Standorte und hüten sie als Geheimnis. Denn Wildpilze haben viel Aroma und einen intensiveren Geschmack als Zuchtexemplare. Manchmal ist die Flut der Pilze aber so groß, dass sie auf Vorrat gelegt werden müssen. Pilze lassen sich gut einfrieren, allerdings sollten sie bei der Verarbeitung dann tiefgefroren verwendet werden. Getrocknete Pilze sind etwas unansehlich, dafür aber sehr intensiv im Geschmack. Im Dörrapparat oder im Backofen bei niedrigen Temperaturen lassen sie sich trocknen. 1 kg frische Pilze ergibt ca. 100 g getrocknete Pilze.

## Schalottenkonfitüre

| | |
|---|---|
| 1 kg Schalotten oder rote Zwiebeln 5 Knoblauchzehen | Abziehen, halbieren und in dünne Ringe schneiden. |
| 160 ml Olivenöl | Erhitzen, Zwiebel und Knoblauch zugeben. |
| 3 EL Vollzucker | Mit dem Zucker auf kleiner Flamme im geschlossenen Topf 1 Stunde kochen lassen. |

| | |
|---|---|
| 2 EL Meersalz<br>1 TL Pfeffer | Unterrühren und noch heiß in Twist-Off-Gläser füllen. |

**TIPP: Die lange Garzeit ist wichtig, denn erst dadurch karamellisiert der Zucker und der köstliche Geschmack entsteht.**

# Basilikum-Frischkäse-Aufstrich

| | |
|---|---|
| 2 Bund Basilikum | Waschen, trockentupfen, Blätter abzupfen und hacken. |
| 60 g Pinienkerne | In einer trockenen Pfanne bei Mittelhitze vorsichtig rösten. Vorsicht, sie verbrennen schnell. |
| 4 Tomaten | Waschen, vierteln, das Innenleben entfernen und das Tomatenfleisch würfeln. |
| 200 g Doppelrahmfrischkäse<br>200 g Quark<br>2 EL Joghurt, natur | Mit dem Mixer gut verrühren. |
| Meersalz, Pfeffer, Vollzucker<br>1 gepresste Knoblauchzehe | Unterrühren, abschmecken und die vorbereiteten Zutaten dazugeben. |

**Variation:**

| | |
|---|---|
| 40 g schwarze Oliven ohne Kern | Ganz fein zerschneiden und unter die Masse geben.<br>In Twist-Off-Gläser füllen und im Kühlschrank aufbewahren. |

# Radieschenquark

| | |
|---|---|
| 250 g Magerquark<br>150 g Joghurt, natur<br>1 TL geriebenen Meerrettich<br>Meersalz, Pfeffer | Mit dem Elektromixer cremig rühren und abschmecken. |
| 1 Beet Kresse | Mit der Schere vom Beet schneiden, etwas hacken und unter den Quark rühren. |
| 1 Bund Radieschen | Putzen, waschen, kleinschneiden oder grob raspeln und unter den Quark heben. In eine gut verschließbare Haushaltsdose geben und im Kühlschrank lagern. |

**TIPP:** Schmeckt nicht nur als Brotaufstrich, sondern auch zu frischen Pellkartoffeln. Radieschen aus dem Freiland sind kleiner und schärfer als Radieschen aus dem Gewächshaus. Da sie langsamer wachsen, entwickeln sie mehr Senföle, die für den scharfen Geschmack sorgen. Die Blätter der Radieschen lassen sich mitverwenden. Die frisch gehackten Blätter zum Salat geben und z.B. unter den Quark heben in diesem obengenannten Rezept. Salatdressing in größeren Mengen herstellen. In einem gut verschlossenen Gefäß halten sie sich einige Tage im Kühlschrank. Bei Zeitmangel lässt sich der Salat durch milchsaures Gemüse ersetzen. Die Auswahl im Reformhaus ist groß. Neben Sauerkraut gibt es auch milchsauer eingelegte Bohnen, Rote Bete, Kürbisse und Mixed-Pickles.

# Ofengerichte

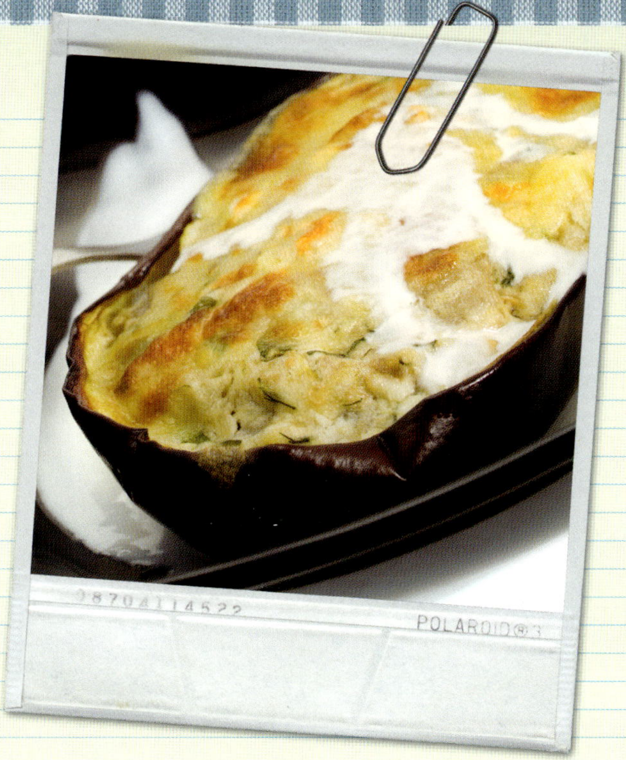
POLAROID

## Schwarzwurzel-Gratin (2 Portionen)

| | |
|---|---|
| 400 g gegarte Schwarzwurzeln | In eine dünn mit Öl eingepinselte Gratinform geben. |
| 8 Kirschtomaten | Waschen, halbieren und auf die Schwarzwurzeln legen. |
| 100 ml Milch<br>1 Ei<br>Meersalz, Pfeffer, Muskat | Verrühren und über die Zutaten gießen. |
| 100 g Käse | Kleinschneiden und darüber verteilen. |
| | Im 180 °C heißen Ofen 20-25 Min. goldgelb überbacken. |

## Spargel im Blätterteig (2 Portionen)

| | |
|---|---|
| 4 Platten Tiefkühl-Blätterteig | Auftauen lassen, auf bemehlter Arbeitsfläche ausrollen und eine gefettete Form damit auslegen. Den Rand etwas hochziehen. (2,5-3 Platten reichen meist.) |
| 500 g Spargel<br>Meersalz, Wasser | Spargel schälen und im Salzwasser 10 Min. kochen. Abgießen und auf den Blätterteig legen. |

| | |
|---|---|
| 2 Eier<br>100 ml Milch<br>40 g geriebenen Käse<br>Pfeffer<br>frisch gehackte Petersilie | Verrühren und über den Spargel gießen. |
| | Den restlichen Blätterteig ausrollen und in Streifen über den Spargel legen. |
| 1 Eigelb<br>1 EL Milch | Eigelb und Milch verrühren, die Teigstreifen damit bepinseln, damit sie schön glänzen und bei 170 °C 25-30 Min. backen. |

## Gefüllter Blumenkohl (2 Portionen)

| | |
|---|---|
| 1/2 Blumenkohl<br>Wasser<br>Meersalz | Blumenkohl waschen und 1/2 Std. mit Salzwasser bedeckt stehen lassen. (Damit evtl. vorhandenes Ungeziefer herauskommt) |
| 1/4 l Wasser<br>1/2 TL Meersalz | Aufkochen, Blumenkohl zugeben und im geschlossenen Topf 12 Min. kochen. |
| | Den Blumenkohl aus dem Kochwasser nehmen und in eine gefettete Auflaufform legen. |
| **Füllung:**<br>1 EL Öl<br>60 g Grünkernschrot | Öl erhitzen und das Grünkernschrot darin anrösten. |

*Für Fortsetzung bitte umblättern*

| | |
|---|---|
| 50 ml Milch<br>1/8 l Gemüsebrühe | Zugeben und auf kleiner Flamme 20 Min. ausquellen lassen. |
| 1 Ei<br>1 EL gemahlene Nüsse<br>Meersalz, Pfeffer | Unterrühren und würzen. |
| | Masse in die Lücke zwischen den Blumenkohlröschen drücken. |
| 2 Scheiben Käse, z.B. Gouda | Auf den Blumenkohl legen und bei 170 °C 25 Min. backen. |

**TIPP:** Dazu schmecken Pellkartoffeln und eine Kräutersoße sehr gut.

## Gefüllte Auberginen (2 Portionen)

| | |
|---|---|
| 2 Auberginen | Waschen, putzen, der Länge nach halbieren und mit einem Teelöffel aushöhlen. |
| 2 TL Olivenöl<br>1/2 TL Salz | Auberginenhälften dünn mit Öl einpinseln und leicht salzen. |

**Füllung:**

| | |
|---|---|
| 1 kleine Zwiebel | Pellen und fein würfeln. |
| 200 g Champignons | Waschen, putzen und fein schneiden. |
| | Das Innere der Aubergine würfeln. |

| | |
|---|---|
| 2 EL Olivenöl | Öl erhitzen und das Gemüse darin garen. |
| Meersalz, Pfeffer | Würzen und abschmecken. |
| 1 Bund Petersilie | Waschen, abtropfen lassen, fein hacken und mit den übrigen Zutaten mischen. In die Auberginenhälften füllen. |
| 160 g Ziegen- oder Schafskäse | In dünne Scheiben schneiden und gleichmäßig auf der Füllung verteilen. |
| | Bei 180 °C 15 Min. backen. |

## Pilzauflauf mit Graupen (2 Portionen)

| | |
|---|---|
| 1/4 l Gemüsebrühe<br>100 g Graupen | Brühe aufkochen, Graupen zugeben und im geschlossenen Topf auf kleiner Flamme 20 Min garen. Abgießen. |
| 1 Zwiebel | Schälen, halbieren und in feine Ringe schneiden. |
| 1 mittelgroße Möhre<br>1 Stück Sellerie (ca.80g) | Schälen, waschen und in Scheiben bzw. Würfel schneiden. |
| 250 g Pfifferlinge | Putzen, waschen, abtropfen lassen, evtl. halbieren. |
| 2 EL Öl | Erhitzen und die Zwiebel anschwitzen, Möhren und Sellerie zugeben und etwa 10 Min. dünsten. Pilze zugeben und 4 Min. mitdünsten. |

*Für Fortsetzung bitte umblättern*

| | |
|---|---|
| Meersalz, Pfeffer<br>frisch gehackte Petersilie | Würzen und die Graupen unterheben. |
| 1 Auflaufform<br>etwas Öl | Die Auflaufform fetten und die Masse einfüllen. |
| 3 Eier<br>150 ml Sahne oder Milch<br>50 g geriebenen Käse<br>Meersalz, Pfeffer | Mit einem Schneebesen gut verrühren, über den Auflauf gießen und bei 180 °C 25 Min. backen. |

## Blätterteigpasteten mit Pilzfüllung (2 Portionen)

| | |
|---|---|
| 200 g frische Steinpilze<br>(oder andere Pilze) | Waschen, putzen, etwas kleinschneiden. |
| 1 Zwiebel | Pellen und würfeln. |
| 1 EL Öl | Erhitzen und das Gemüse darin anbraten, bis es leicht gebräunt ist. |
| 30 g Reform-Margarine<br>20 g Mehl Type 1050<br>150 ml Wasser<br>100 ml Sahne | Mehlschwitze herstellen, mit der Flüssigkeit auffüllen und ca. 4 Min. kochen lassen. Gut rühren, damit nichts anbrennt. |
| Meersalz, Pfeffer<br>frisch gehackte Petersilie | Würzen und abschmecken. |

2 Blätterteigpasteten  10 Min. im 180 °C heißen Ofen erwärmen.
mit Deckel
(beim Bäcker bestellen)

Herausnehmen, mit dem Pilzragout füllen und sofort servieren.

**TIPP: Auch Reis schmeckt sehr gut zu dem Pilzragout.**

## Gefüllte Teigtaschen (2 Portionen)

**Teig:**
125 g Weizenmehl Type 1050  Verkneten und ca. 30 Min. in den Kühlschrank stellen.
50 g Reform-Margarine
2 EL Wasser
1 Prise Meersalz

**Füllung:**
300 g Champignons  Putzen, waschen und in Scheiben schneiden.

1 Zwiebel  Pellen und würfeln.

1 EL Öl  Erhitzen und das Gemüse darin garen. Sollte sich Flüssigkeit gebildet haben, diese abgießen.

Meersalz, Pfeffer, Curry  Würzen und abschmecken.
Curcumae, Cumin

*Für Fortsetzung bitte umblättern*

| | Den Teig in 2 Stücke zerteilen, ca. 1/2 cm dick in Quadrate ausrollen, füllen, die Seiten zusammenklappen und festdrücken. |
|---|---|
| 1 Eigelb<br>2 EL Milch | Mit einem Pinsel verrühren, die Teigtaschen mit der Mischung bestreichen, auf ein mit Backpapier belegtes Blech legen und bei 180 °C 20 Min. backen. |

## Blumenkohlauflauf (2 Portionen)

| | |
|---|---|
| 400 g Blumenkohlröschen<br>100 g Kartoffelwürfel<br>Wasser, Meersalz | Blumenkohlröschen und Kartoffelwürfel 10 Min. in Salzwasser kochen und abgießen. |
| **Sauce:**<br>2 EL Reform-Margarine<br>3 EL Mehl Type 1050<br>300 ml Milch 1,5% Fett | Mehlschwitze herstellen und 4 Min. kochen lassen, damit das Mehl gart. |
| Meersalz, Pfeffer<br>50 g gewürfelten Gouda | Zugeben und rühren, bis der Käse geschmolzen ist, würzen und abschmecken. |
| 100 g Strauchtomaten | Waschen, vierteln und mit Blumenkohl und Kartoffeln in eine Auflaufform geben, die Sauce darübergießen. |
| 100 g Gouda | Kleinschneiden und über den Auflauf verteilen. Bei 180 °C 20 Min. backen. |

## Rote-Bete Gemüse aus dem Ofen (2 Portionen)

**TIPP: Beim Schälen eventuell Gummihandschuhe anziehen.**

| | |
|---|---|
| ca. 500 g Rote Bete | Waschen, schälen und in Stifte schneiden. In eine Auflaufform geben. |
| **Würzsud:** | |
| Saft 1 Zitrone | Verrühren, über das vorbereitete Gemüse geben. |
| 2 EL Johannisbeergelee | Deckel auf die Form geben und im heißen Ofen bei 170 °C |
| 2 EL Walnussöl | 45 Min. garen. |
| 2 EL Apfelessig | |
| 1 gepresste Knoblauchzehe | |
| Meersalz, Pfeffer, Thymian | |

## Brokkoli-Couscous-Auflauf (2 Portionen)

| | |
|---|---|
| Apfelsaft | Rosinen im Saft einige Stunden einweichen. |
| 2 El Rosinen | |
| 120 g Instant-Couscous | Couscous nach Packungsanleitung ca. 10 Min. im |
| Wasser, Meersalz | Salzwasser garen. |
| 300 g Brokkoli | Putzen, waschen, in Röschen zerteilen, die Stiele kreuzweise |
| Wasser, Meersalz | einschneiden und im kochenden Salzwasser 5 Min. kochen. Abgießen. |

*Für Fortsetzung bitte umblättern*

| | |
|---|---|
| frisch gehackte Petersilie | Mit dem Couscous mischen, abschmecken und schichtweise |
| frisch gehackte Minze | mit dem Brokkoli in eine gefettete Auflaufform geben. |
| 100 g Crème Fraîche | |
| 100 g Quark | |
| 1/4 TL Kreuzkümmel (Cumin) | |
| 2 EL Sonnenblumenkerne | |
| Meersalz, Pfeffer | |
| | |
| 100 g Schafskäse | Würfeln und darüber verteilen. Bei 170 °C 20 Min. backen. |

**Kennen Sie Couscous?**
Das arabische Grundnahrungsmittel ist eine schmackhafte Alternative zu Kartoffeln, Nudeln oder Reis. Es besteht aus gemahlenen, zu Kügelchen gerollten Hartweizen- oder Hirsekörnern. Die typische Zubereitung ist sehr aufwendig. Couscous wird im Siebeinsatz über Fleisch und Gemüse gegart und muss dabei öfter aufgelockert werden. Unkompliziert dagegen ist die Verwendung von Instant-Couscous: Einfach mit kochender Flüssigkeit übergießen und dann 10 Min. quellen lassen.

## Überbackener Fenchel (2 Portionen)

| | |
|---|---|
| 2 Fenchelknollen | Fenchel waschen, halbieren, vom Strunk befreien und in der kochenden Brühe |
| 200 ml Gemüsebrühe | 10 Min. garen. Aus der Flüssigkeit nehmen und in eine gefettete Form legen. |
| | |
| 2 Tomaten | Waschen, kleinschneiden und zugeben. |

| | |
|---|---|
| 100 ml Milch<br>2 Eier<br>2 EL feine Haferflocken<br>Meersalz, Pfeffer<br>frisch gehacktes Fenchelkraut | Mit dem Schneebesen verrühren und über das Gemüse gießen. |
| 2 Scheiben Butterkäse | Auf das Gemüse legen und im 170 °C heißen Ofen 20 Min. backen. |

## Sellerie mit Brotkruste (2 Portionen)

| | |
|---|---|
| 500 g Knollensellerie | Waschen, schälen, halbieren, in feine Scheiben schneiden und dachziegelartig in eine Auflaufform schichten. |
| Saft 1/2 Zitrone | Darübergießen. |
| 200 g Soja Cremig neutral<br>60 g Kräuterfrischkäse<br>Meersalz, Pfeffer<br>gehackte Petersilie | Verrühren, darübergießen und im 175 °C heißen Ofen 25 Min. backen. |

**Brotkruste:**

| | |
|---|---|
| 30 g Reform-Margarine<br>2 Scheiben gewürfeltes Mehrkornbrot | Brot würfeln, über den Sellerie streuen und die geschmolzene Margarine darübergießen. Weitere 10 Min. in den Ofen stellen. |

## Gemüseauflauf mit Joghurt (2 Portionen)

| | |
|---|---|
| 60 g gegarte Kichererbsen | Abgießen und abtropfen lassen. |
| 200 g grüne Bohnen<br>150 ml Wasser<br>Meersalz, Bohnenkraut | Die vorbereiteten Bohnen 12 Min. im kochenden Wasser garen. Auf einem Durchschlag abtropfen lassen. |
| 1 rote Paprika | Waschen, vierteln, von Kernen und Innenhäuten befreien und in Streifen schneiden. |
| 2 Tomaten | Waschen, Stielansätze entfernen und in Scheiben schneiden. |
| frisch gehackte Kräuter, z.B. Majoran, Salbei, Estragon<br>150 g Naturjoghurt<br>2 Eier<br>1 EL Pesto<br>Pfeffer | Mit dem Schneebesen gut verrühren, mit den übrigen Zutaten mischen und in eine leicht gefettete Auflaufform geben.<br>Bei 180 °C 20 Min. backen. |

## Grüner Auflauf (2 Portionen)

| | |
|---|---|
| 2 Frühlingszwiebeln | Putzen, waschen und fein schneiden. |
| 200 g Brokkoli | Waschen, putzen und in Röschen zerteilen. |
| 200 g Zuckerschoten | Waschen, putzen und etwas kleinschneiden. |

| | |
|---|---|
| Wasser, Meersalz | Das Gemüse im kochenden Wasser 5 Min. kochen. Abgießen und abtropfen lassen. |
| 1 Bund Petersilie | Waschen, hacken und zum Gemüse geben. |

**Guss:**

| | |
|---|---|
| 2 Eier<br>100 ml Milch<br>100 ml Schmand<br>Meersalz, Pfeffer | Mit dem Schneebesen gut verrühren, mit den übrigen Zutaten mischen und in eine gefettete Auflaufform geben. |
| 2 Scheiben Gouda | Darüber verteilen und im 170 °C heißen Ofen 30 Min. backen. |

## Auberginen-Tomaten-Brot (2 Portionen)

| | |
|---|---|
| 1 Aubergine<br>Öl zum Braten<br>Meersalz, Pfeffer | Aubergine waschen und der Länge nach in Scheiben schneiden.<br>Öl erhitzen und die Auberginenscheiben beidseitig braten.<br>Dann von beiden Seiten würzen. |
| 2 gr. Scheiben Bauernbrot<br>20 g Reform-Margarine | Brot mit der Margarine bestreichen und die Auberginenscheiben darauf legen. |
| 2 Tomaten | In Scheiben schneiden und darauf legen. |
| 80 g Schafskäse | Würfeln und darüberstreuen. |
| 30 g schwarze Oliven | Darauf verteilen. |
| frischen Thymian | Darüberstreuen und die Brote bei 180 °C 10 Min. im Ofen backen. |

# Warme Speisen

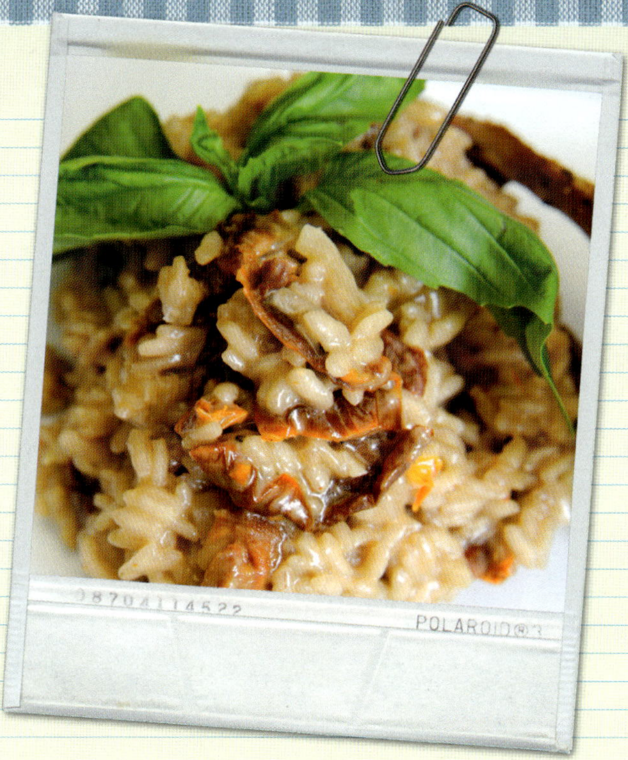
POLAROID®

## Bohnen-Bratlinge (2 Portionen)

| | |
|---|---|
| 80 g weiße Bohnen<br>Wasser | Die Bohnen in reichlich Wasser über Nacht einweichen. Abgießen und mit dem Pürierstab pürieren. |
| 2 Schalotten | Pellen, fein würfeln und zur Bohnenmasse geben. |
| Meersalz, Pfeffer<br>frisch gehackte Petersilie | Masse würzen, abschmecken und zu kleinen, flachen Frikadellen formen. |
| Öl zum Braten | Öl erhitzen und die Bratlinge von beiden Seiten goldgelb braten. |

**TIPP: Die Bohnenmasse mit feingewürfeltem Schafskäse und feingehackten Oliven verfeinern.**

## Pilzpfanne mit Reis (2 Portionen)

| | |
|---|---|
| 120 g Vollreis<br>1/4 l Gemüsebrühe | Brühe aufkochen, Reis zugeben und auf kleiner Flamme im geschlossenen Topf 20 Min. garen. Abgießen. |
| 300 g Champignons<br>oder andere Pilze | Waschen und abtropfen lassen. Wenn die Pilze groß sind, können sie in Scheiben geschnitten werden. |
| 1 Zwiebel<br>1 TL Öl | Zwiebel pellen, würfeln und im heißen Öl glasig dünsten. |
| | Pilze zugeben und ca. 5 Min. braten. |

| | |
|---|---|
| Meersalz, Pfeffer<br>Paprika | Würzen und abschmecken, Reis unterheben. |
| frische Petersilie | Mit frisch gehackter Petersilie bestreuen. |
| | Dazu eine Käsesoße reichen. |

## Spanische Gemüsepfanne (2 Portionen)

| | |
|---|---|
| 2 mittelgroße Zwiebeln | Pellen und würfeln. |
| 2 rote Paprikaschoten | Vierteln, von den weißen Innenhäuten und Kernen befreien und in Streifen schneiden. |
| 250 g Champignons | Waschen, putzen und in Scheiben schneiden. |
| 2 EL Olivenöl | In einer Pfanne erhitzen und das vorbereitete Gemüse 5 Min. unter häufigem Wenden dünsten. |
| 4 Eier<br>4 EL Milch<br>Meersalz, Pfeffer<br>frisch geschnittenen<br>Schnittlauch | Verrühren, über das Gemüse gießen, Herd auf kleine Flamme stellen und die Eimasse stocken lassen. |

## Brokkoli-Pfanne (2 Portionen)

| | |
|---|---|
| 350 g Brokkoli | Brokkoli in Röschen teilen und 8 Min. in der Brühe garen. |
| 1/8 l Gemüsebrühe | Auf einem Durchschlag abtropfen lassen. |
| 2 veget. Grillwürstchen | In Scheiben schneiden. |
| 1 Zwiebel | Pellen und würfeln. |
| 1 EL Öl | Erhitzen und die Zwiebelwürfel darin anbraten. Würstchenscheiben zugeben und etwas anbraten. |
| 1 EL Tomatenmark | Unterrühren und den Brokkoli zugeben. |
| 3 Eier<br>4 EL Milch<br>Meersalz, Pfeffer, Curry<br>frisch gehackten<br>Schnittlauch | Mit dem Schneebesen gut verrühren, über die vorbereiteten Zutaten geben und bei kleiner Hitze stocken lassen. |

## Pikante Spitzkohl-Pfanne (2 Portionen)

| | |
|---|---|
| 200 g festkochende Kartoffeln | Schälen, waschen und würfeln. |
| 1 Zwiebel | Pellen und würfeln. |

| | |
|---|---|
| 1 TL Öl | In einer Pfanne erhitzen, Zwiebel anbraten, Kartoffeln zugeben und andünsten. |
| 250 g vorbereiteten Spitzkohl | In grobe Streifen schneiden und zu den Kartoffeln geben. 2 Min. mitbraten. |
| 100 ml Gemüsebrühe Pfeffer | Zugeben, Deckel auf die Pfanne geben und 15 Min. dünsten lassen. |
| 40 g Emmentaler Käse | Würfeln und unterrühren. |
| glatte Petersilie, gehackt | Vor dem Servieren über das Gericht streuen. |

## Rote-Bete-Puffer (2 Portionen)

**TIPP: Beim Schälen und Raspeln eventuell Gummihandschuhe anziehen.**

| | |
|---|---|
| 200 g frische Rote Bete | Schälen und fein raspeln. |
| 2 Eier, 2 EL Milch 60 g Weizenmehl Type 1050 1/4 TL Ahornsirup 50 g gewürfelten Camembert Pfeffer, Meersalz | Mit dem Schneebesen gut verrühren und mit den Roten Beten vermengen. |
| 2 EL Öl zum Braten | Öl in einer Pfanne erhitzen und 4 kleine Puffer von jeder Seite ca. 4 Min. braten. |

**TIPP: Dazu Pellkartoffeln und einen Meerrettichdip servieren.**

## Chinakohl-Pfanne (2 Portionen)

| | |
|---|---|
| 300 g Chinakohl<br>2 Frühlingszwiebeln<br>1 rote Paprikaschote<br>1 Knoblauchzehe<br>1 kl. Stück frischen Ingwer | Das Gemüse putzen, waschen und in Ringe oder Streifen schneiden.<br>Knoblauch und Ingwer schälen und ganz fein hacken. |
| 2 EL Öl<br>Kurkuma, Curry<br>Garam, Masala | In einer Pfanne erhitzen, Knoblauch und Ingwer zugeben,<br>Gewürze, Frühlingszwiebeln und Paprika zugeben und unter Rühren 2 Min. scharf anbraten. |
| | Chinakohl zugeben und unter Rühren weitere 3 Min. garen. |
| Meersalz, Pfeffer | Würzen und abschmecken. |

**TIPP: Reis und Tomatensoße dazu servieren.**

## Möhren-Pfanne (2 Portionen)

| | |
|---|---|
| 350 g Möhren | Putzen, schälen und in Scheiben schneiden. |
| 350 g Kartoffeln | Schälen, waschen und in Würfel schneiden. |

| | |
|---|---|
| 150 ml Gemüsebrühe | Zugeben und in einer geschlossenen Pfanne 15 Min. kochen. |
| 60 g Blauschimmelkäse<br>100 g Crème Fraîche<br>3 EL Milch<br>Meersalz, Pfeffer | Den Käse mit einer Gabel zerdrücken und die restlichen Zutaten unterrühren. Unter das Gemüse rühren und weitere 10 Min. in der geschlossenen Pfanne kochen lassen. |
| glatte Petersilie | Waschen, hacken und vor dem Servieren über das Gericht streuen. |

TIPP: Möhren mit einem Sparschäler schälen. Ganz junge Bundmöhren brauchen nicht geschält zu werden, gründliches Waschen reicht.

## Rotkohl aus der Pfanne (2 Portionen)

| | |
|---|---|
| 1/4 Rotkohl (ca.400g) | Putzen und in feine Streifen schneiden. |
| 2 Schalotten | Pellen und würfeln. |
| 1 EL vegetarisches Schmalz | Erhitzen und den Rotkohl darin anbraten. |
| Saft 1 Orange<br>1 EL Rotweinessig<br>Meersalz, Pfeffer | Zusammen mit den Schalotten zugeben und 25 Min. schmoren lassen. Abschmecken. |
| 1 Orange | Filetieren und unterheben. |
| 100 g Edelpilzkäse<br>Schnittlauch | Würfeln und über das Gemüse geben. Mit frisch gehacktem Schnittlauch bestreuen. |

## Wirsingpfanne mit Mozzarella (2 Portionen)

| | |
|---|---|
| 500 g Wirsing | Putzen, waschen und in feine Streifen schneiden. |
| 1 Zwiebel<br>1 Knoblauchzehe | Pellen und würfeln. |
| 40 g Walnüsse | Grob hacken. |
| 2 EL Rapsöl | Erhitzen, Zwiebeln und Nüsse zugeben und leicht anbraten. |
| 120 ml Gemüsebrühe | Wirsing und Brühe zugeben und in der geschlossenen Pfanne 20 Min. garen. Flüssigkeit abgießen. |
| Pfeffer, Meersalz | Würzen. |
| 120 g Mozzarella | Würfeln, unterheben, nochmals in der Pfanne gut erhitzen und servieren. |

**TIPP: Nudeln und Tomatensoße schmecken gut dazu.**

## Spitzkohl-Pfanne (2 Portionen)

| | |
|---|---|
| 250 g Kartoffeln<br>Wasser | Waschen, schälen, in Stücke schneiden, in wenig Wasser garen (15-20 Min) und durch die Kartoffelpresse geben. |

| | |
|---|---|
| 200 g Spitzkohl<br>Wasser | Grob schneiden und im kochenden Wasser 6 Min. kochen. Abgießen. |
| 1 Porreestange | Putzen, waschen und in feine Ringe schneiden. |
| 2 EL Rapsöl | Erhitzen und den Porree 3 Min. darin anbraten. Kartoffelschnee und Spitzkohl unterheben. |
| 150 g Räuchertofu | Würfeln und unterheben. |
| Meersalz, Pfeffer<br>frisch gehackte Petersilie | Würzen und abschmecken. |
| 2 EL Rapsöl | In einer Pfanne erhitzen, alles zugeben, 8 Min. garen, im Ganzen wenden und auch von der anderen Seite 8 Min. garen. |

## Gebratene Schwarzwurzeln (2 Portionen)

| | |
|---|---|
| 400 g Schwarzwurzeln | Waschen, schälen und in ca. 5 cm große Stücke schneiden. |
| 2 EL Rapsöl | In einer Pfanne erhitzen und die Schwarzwurzeln von allen Seiten goldbraun braten. |
| 1 Zwiebel<br>1 Apfel | Pellen, schälen und würfeln. |
| 1 EL Rapsöl | Erhitzen, Zwiebel- und Apfelwürfel darin 5 Min. dünsten. |

*Für Fortsetzung bitte umblättern*

| | |
|---|---|
| Meersalz, Pfeffer<br>1 TL Balsamico-Essig | Hinzugeben, abschmecken und mit den Schwarzwurzeln mischen. |

## Gebratene Tomaten (2 Portionen)

| | |
|---|---|
| 4 große Tomaten | Waschen, Stielansätze entfernen und quer in 1 cm dicke Scheiben schneiden. |
| 30 g Grieß<br>30 g Parmesan<br>1 TL Vollzucker<br>Pfeffer | Mischen und die Tomaten beidseitig darin wenden. |
| Öl zum Braten | Öl in einer Pfanne erhitzen und die Tomaten beidseitig knusprig braten. |

*In Amerika sind geratene, grüne Tomaten ein Klassiker, bei uns sind rote Tomaten beliebter. Die meisten grünen Tomaten sind unreif. Sie werden erst im Laufe des Reifungsprozesses rot. Es gibt jedoch einige Sorten, die auch im reifen Zustand grün bleiben. Sie heißen z.B. „Green Zebro" oder „Evergreen". Unreife grüne Tomaten enthalten Solanin, das in größeren Mengen gesundheitsschädlich ist. Kinder oder empfindliche Personen könnten Kopfschmerzen, Übelkeit oder Hautirritationen bekommen. Bei üblichen Verzehrmengen ist eine Gesundheitsschädigung aber nicht zu erwarten.*

## Porree-Pfanne mit Hirse (2 Portionen)

| | |
|---|---|
| 70 g Hirse<br>1/4 l Gemüsebrühe | Brühe aufkochen, Hirse zugeben und im geschlossenen Topf auf kleiner Flamme 50 Min. garen. |
| 300 g Porree | Waschen, putzen und in Ringe schneiden. |
| 1 EL Öl | In der Pfanne erhitzen, Porree zugeben und kurz anrösten. |
| 80 ml Wasser<br>20 g vegetarische Pastete | Unterrühren, bis sich die Pastete aufgelöst hat. Ca. 5 Min. kochen lassen. |
| Meersalz, Pfeffer, Thymian | Würzen, abschmecken und die Hirse unterrühren. |

**TIPP: Tomatensoße dazu servieren.**

## Grüner Spargel mit Rührei (2 Portionen)

| | |
|---|---|
| 300 g grünen Spargel | Spargel waschen, holzige Enden abschneiden und in mundgerechte Stücke schneiden. |
| 1 Zwiebel | Pellen und fein würfeln. |
| 2 EL Öl | Erhitzen, Zwiebelwürfel glasig dünsten, Spargel zugeben und unter Rühren 6-8 Min. garen. |

*Für Fortsetzung bitte umblättern*

| | |
|---|---|
| 3 Eier<br>4 EL Milch<br>Meersalz, Pfeffer<br>frisch gehackten Estragon<br>und Petersilie | Sehr gut verrühren, über die Spargelstücke gießen und unter gelegentlichem Rühren stoken lassen. |

**TIPP: Pellkartoffeln schmecken gut dazu.**

## Grünkohl (2 Portionen)

| | |
|---|---|
| 500 G Grünkohl | Putzen, gründlich waschen und in Streifen schneiden. Mit kochendem Wasser überbrühen. (Vertreibt einen evtl. bitteren Geschmack.) |
| 1 Zwiebel | Pellen und würfeln. |
| 1/2 EL Rapsöl | Erhitzen, die Zwiebel darin glasig dünsten, den Kohl zugeben. |
| 100 ml Gemüsebrühe | Aufgießen und im geschlossenen Topf 30 Min. kochen lassen. |
| Meersalz, Pfeffer | Würzen und abschmecken. |
| 3 EL Sahne | Unterrühren. |

**TIPP: Kartoffelpüree schmeckt sehr gut dazu.**

## Schmorgurken mit Dill (2 Portionen)

| | |
|---|---|
| 700 g Schmorgurken | Waschen, schälen, längs halbieren und mit einem Teelöffel die Kerne entfernen. In 1,5 cm große Stücke schneiden. |
| 1 Zwiebel<br>1 TL Öl | Zwiebel schälen, halbieren, würfeln und im heißen Öl glasig dünsten. Gurkenstücke zugeben. |
| 4 EL Gemüsebrühe | Mit der Flüssigkeit auffüllen und 3 Min. köcheln lassen. |
| 1/2 Messlöffel Biobin*<br>Jodsalz, Pfeffer | Biobin in die nicht mehr kochende Flüssigkeit einrühren, anschließend noch einmal kurz auf die heiße Platte stellen. Würzen und abschmecken. |
| 2 EL Soja Cremig neutral<br>(oder saure Sahne)<br>frisch gehackten Dill | Soja Cremig und Dill unterrühren. |

## Currygurken (2 Portionen)

| | |
|---|---|
| 2 Gurken<br>1 gelbe Paprikaschote | Waschen, putzen und in Scheiben, bzw. Streifen schneiden. |
| 1 EL Öl<br>1 TL Curry | Öl erhitzen, Gemüse zugeben, andünsten und das Currypulver unterrühren. |

\* Biobin ist ein Produkt aus Johannisbrotkernmehl; es ist ein energiefreies Bindemittel. Der Messlöffel liegt dem Produkt bei.

*Für Fortsetzung bitte umblättern*

| | |
|---|---|
| 100 ml ungesüsste Kokosmilch | Zugeben und auf kleiner Flamme 3 Min. köcheln lassen. |
| Sojasoße, Basilikum, Meersalz, Pfeffer | Unterrühren und abschmecken. |

*TIPP: Vollreis dazu reichen.*

## Dicke Bohnen (2 Portionen)

| | |
|---|---|
| 1 kg frische Dicke Bohnen (ca. 400 g Bohnenkerne) | Bohnen enthülsen und waschen. |
| 1/8 l Wasser 1/8 TL Meersalz | Wasser mit Salz aufkochen, Bohnen zugeben und 20 Min. kochen. Abgießen. |
| 20 g Reform-Margarine frisch gehackte Petersilie | Margarine und Petersilie unterrühren. |

*TIPP: Frisch und jung schmecken die Bohnen besonders gut. Wenn sie älter und größer sind, werden sie mehlig.*

## Mangoldstiele in Soße (2 Portionen)

| | |
|---|---|
| 400 g Mangoldstiele | Waschen und in 3 cm lange Stücke schneiden. |
| 1/8 l Wasser 1/8 TL Meersalz | Aufkochen, Mangoldstiele zugeben und 10 Min. kochen. |

**Soße:**

| | |
|---|---|
| 20 g Reform-Margarine<br>1 kleine Zwiebel | Zwiebel pellen, fein würfeln und im heißen Fett glasig dünsten. |
| 20 g Mehl Type 1050 | Unterrühren und kurz aufkochen lassen. |
| 1/8 l Gemüsebrühe<br>1/8 l Milch | Nach und nach zugeben, dabei ständig rühren. Wenn die gesamte Flüssigkeit zugegeben ist, 5 Min. kochen lassen, damit das Mehl gar wird. |
| Meersalz, Pfeffer<br>Muskat | Soße würzen, abschmecken und die Mangoldstiele zugeben. |

## Kürbis in pikanter Soße (2 Portionen)

| | |
|---|---|
| 400 g Kürbisfleisch<br>Öl zum Braten | Kürbis in Scheiben schneiden und in einer großen Pfanne im heißen Öl von beiden Seiten bräunen. Auf eine große Servierplatte legen und warm halten. |

**Soße:**

| | |
|---|---|
| 1 Zwiebel<br>1 Knoblauchzehe | Pellen und hacken. |
| 1 EL Öl | Erhitzen, Zwiebel und Knoblauch rösten. |
| 2 EL Tomatenmark | Zugeben und 5 Min. köcheln lassen. |

*Für Fortsetzung bitte umblättern*

| | |
|---|---|
| 1/2 EL Vollzucker<br>3 zerkleinerte Oliven<br>1 TL gehackte Kapern<br>1 EL Essig<br>Meersalz, Pfeffer<br>150 ml Gemüsebrühe | Zugeben und auf kleiner Flamme 25 Min. köcheln lassen. Abschmecken. |

**TIPP: Das Gericht kann warm und kalt gegessen werden.**

## Möhren in Kokosmilch* (2 Portionen)
*exotische Gemüsebeilage

| | |
|---|---|
| 1 Zwiebel<br>2 Knoblauchzehen | Schälen und würfeln. |
| 1 EL Öl | Erhitzen, Zwiebel- und Knoblauchwürfel darin glasig dünsten. |
| 500 g Möhren | Putzen, waschen, in Scheiben schneiden und zu den Zwiebelwürfeln geben. |
| 400 ml Kokosmilch<br>1 EL Curry<br>2 EL Kurkuma | Über das Gemüse geben, auf kleiner Flamme 15-20 Min. garen und gelegentlich umrühren. Die Kokosmilch dickt während des Kochens ein. |
| 100 g Maiskörner | Hinzugeben. |

| | |
|---|---|
| 1 Banane | Von der Schale befreien, in Scheiben schneiden und hinzugeben. |
| Jodsalz, Pfeffer | Würzen und abschmecken. |
| frisch gehackte Petersilie | Zur Garnitur verwenden. |

*TIPP: Reis dazu servieren.*

## Blumenkohl-Curry (2 Portionen)

| | |
|---|---|
| 400 g Blumenkohl | In Röschen zerteilen, waschen und abtropfen lassen. |
| 1 Zwiebel | Schälen und würfeln. |
| 2 EL Öl | Erhitzen, Zwiebelwürfel glasig dünsten. |
| 2 EL Tomatenmark | Unterrühren. |
| Je 1 TL Curry, Kurkuma | Zugeben. |
| ca. 1 Tasse Wasser | Wasser zugeben, bis der Blumenkohl fast bedeckt ist, aufkochen, ca. 10 Min. im geschlossenen Topf garen. |
| 100 g Crème Fraîche<br>1/2 TL Vollzucker | Unter das Gemüse rühren. |

*TIPP: Statt Crème Fraîche Soja Cremig neutral verwenden.*
*Es enthält wesentlich weniger Fett und kein Cholesterin.*

## Griechischer Spinat (2 Portionen)

| | |
|---|---|
| 40 g Rosinen | 2-3 Stunden im Wasser einweichen. |
| 450 g Blattspinat (ersatzweise TK-Spinat) | Gründlich waschen und abtropfen lassen. |
| 1 Zwiebel | Die Zwiebel pellen und fein würfeln. |
| 1 EL Olivenöl | Öl erhitzen, Zwiebelwürfel andünsten, Spinat zugeben. |
| Meersalz, Pfeffer, Muskat | Würzen, dann auf ein Sieb geben und gut abtropfen lassen. |
| 2 EL Olivenöl 1 1/2 EL Mehl | Mehlschwitze herstellen. |
| 200 ml Gemüsebrühe | Mit der Brühe ablöschen. Mit dem Schneebesen gut verrühren und 4 Min. köcheln lassen. Vom Herd nehmen. |
| 150 g Naturjoghurt | Vorsichtig den Joghurt einrühren. |
| | Spinat und abgetropfte Rosinen unterheben. |
| frisch gehackte Minze | Unterheben, abschmecken und evt. nachwürzen. |
| **Variation:** | 2 EL geröstete Pinienkerne unter den Spinat heben. |

*TIPP: Schmeckt köstlich auf Pfannkuchen.*

# Zucchinigemüse mit Schafskäse (2 Portionen)

| | |
|---|---|
| 500 g Zucchini | Die Zucchini waschen, der Länge nach halbieren und die Kerne entfernen. In 2 cm breite Stücke schneiden. |
| 1 Knoblauchzehe<br>1 Schalotte | Pellen und fein würfeln. |
| 1 EL Olivenöl | Erhitzen, Knoblauch- und Zwiebelwürfel zugeben und glasig dünsten. Zucchini zugeben. |
| 100 ml Gemüsebrühe | Zugeben, auf kleiner Flamme im geschlossenen Topf 10 Min. garen. Flüssigkeit abgießen. |
| Meersalz, Pfeffer, Thymian, Rosmarin | Würzen. |
| 100 g Schafskäse | Würfeln und unter das Gemüse heben. |
| 4-5 Kirschtomaten<br>frisch gehackte Petersilie | Über das Gericht geben und sofort servieren. |

## Rotkohl mit Äpfeln (2 Portionen)

| | |
|---|---|
| 300 g Rotkohl | Die äußeren Blätter vom Kohlkopf entfernen, halbieren, vierteln, Strunk entfernen, abwiegen und in feine Streifen schneiden. |
| 1 kl. Zwiebel<br>1 TL Rapsöl | Zwiebel pellen, würfeln und im heißen Öl anbraten. |
| 150 ml Apfelsaft<br>2 Lorbeerblätter<br>3 Wacholderbeeren<br>Jodsalz, Pfeffer | Gemeinsam mit dem Rotkohl zugeben und im geschlossenen Topf 45 Min. kochen. |
| 1 kleiner Apfel | Waschen, schälen, entkernen, in Stücke schneiden und zum Rotkohl geben. Weitere 15 Min. kochen. |
| 1 EL Essig<br>1/2 TL Vollzucker | Würzen und abschmecken. |
| **Variation:** | Statt Apfelsaft schmeckt auch Johannisbeersaft. Statt Vollzucker können Sie auch Apfelgelee, Johannisbeergelee oder einige Tropfen Süßstoff verwenden. |

## Fenchelgemüse (2 Portionen)

| | |
|---|---|
| 2 Fenchelknollen | Von den Fenchelknollen das Grün abschneiden, fein hacken und vor dem Servieren über das Gemüse geben. |

|  |  |
|---|---|
|  | Die Knollen der Länge nach halbieren, den Strunk herausschneiden und in dünne Scheiben schneiden. |
| 2 Schalotten | Pellen und würfeln. |
| 2 EL Öl | Vorbereitetes Gemüse darin anbraten. |
| 100 ml Gemüsebrühe<br>1 g Safranfäden | Zugeben und ca. 10 Min. kochen lassen. |
| 2 Tomaten | Waschen, Stielansätze entfernen, vierteln, Innenleben entfernen und das Fruchtfleisch nochmals halbieren. Zum Fenchelgemüse geben. Weitere 2 Min. kochen. |
| Meersalz, Pfeffer, Thymian | Würzen und abschmecken. |

## Schwarzaugenbohnen als Gemüsebeilage (2 Portionen)

|  |  |
|---|---|
| 50 g Schwarzaugenbohnen<br>Wasser | Über Nacht in reichlich Wasser einweichen. Abgießen.<br>Mit 400 ml Wasser zum Kochen bringen und ca. 45 Min. im geschlossenen Topf auf kleiner Flamme kochen. Auf einem Durchschlag abtropfen lassen. |
| 1 kl. Zwiebel<br>1 Knoblauchzehe<br>1 TL Öl | Pellen, würfeln und im heißen Öl glasig dünsten. |
| 1 gelbe Paprikaschote<br>1 Tomate | Waschen und putzen. Paprika in Streifen schneiden und die Tomate würfeln. Beides zu den Zwiebeln geben. |

*Für Fortsetzung bitte umblättern*

| | |
|---|---|
| 80 ml Wasser<br>2 EL Tomatenmark | Unterrühren und 5 Min. garen. |
| Meersalz, Pfeffer,<br>Sojasoße, Basilikum,<br>Schabzigerklee | Kräftig würzen und abschmecken. |
| | Die Schwarzaugenbohnen untermischen, alles nochmals erhitzen und servieren. |

**TIPP:** Wenn es ganz schnell gehen soll, gegarte Schwarzaugenbohnen aus dem Glas verwenden.

## Zwiebeln in Rotwein (2 Portionen)

| | |
|---|---|
| 400 g Zwiebeln | Pellen, halbieren und in Streifen schneiden. |
| 1 EL Rapsöl | Öl erhitzen und die Zwiebeln 2-3 Min. darin andünsten. |
| 1 TL Vollzucker | Zugeben und kurz karamellisieren lassen. |
| ca. 80 ml Rotwein | Aufgießen und ca. 5 Min. köcheln lassen. |
| Meersalz und Pfeffer | Würzen und abschmecken. |

**TIPP:** Diese leckere Gemüsebeilage passt zu sehr vielen Gerichten und kann sehr variabel sein, je nachdem, welche Zwiebelsorte ausgewählt wird und auch in welche Form die Zwiebeln geschnitten werden. Statt Rotwein kann auch Weißwein verwendet werden.

## Selleriepüree (2 Portionen)

| | |
|---|---|
| 250 g Kartoffeln<br>250 g Knollensellerie | Schälen, waschen und in Stücke schneiden. |
| Wasser, Meersalz | Zugeben, 20 Min. im geschlossenen Topf gar kochen.<br>Abgießen und abdampfen lassen. Mit dem Kartoffelstampfer zerdrücken. |
| 100 ml heiße Milch | Mit dem Schneebesen einrühren. |
| Meersalz, Pfeffer, Muskat<br>1 EL Sonnenblumenöl | Zugeben und abschmecken. |

**TIPP:** Ganz schnell geht es, wenn man statt des Kartoffelstampfers den Schneebesen des Handrührgerätes verwendet.

## Porreegemüse mit gerösteten Nüssen (2 Portionen)

| | |
|---|---|
| 500 g Porree | Waschen, putzen und in Ringe schneiden. |
| 2 EL Öl | Erhitzen, den Porree hinzugeben, kurz andünsten. |
| 1/4 l Gemüsebrühe | Zugeben und auf kleiner Flamme 5 Min. garen.<br>Flüssigkeit auf einem Durchschlag abtropfen lassen. |
| Meersalz, Pfeffer, Curry,<br>Kurkuma, Majoran<br>2 EL Soja Cremig neutral | Würzen und abschmecken. |

*Für Fortsetzung bitte umblättern*

| | |
|---|---|
| 1 EL Haselnussöl<br>40 g grob gehackte Haselnüsse | Öl leicht erwärmen, die Nüsse darin leicht anrösten und unter das Gemüse heben. |
| frisch gehackte Petersilie | Zur Garnierung verwenden. |

## Porree-Korinthen-Gemüse (2 Portionen)

| | |
|---|---|
| 500 g Porree | Waschen, putzen und in 4 cm lange Stücke schneiden. |
| 1/4 l Gemüsebrühe | Aufkochen, Porreestücke hineingeben und bißfest garen (ca. 8-10 Min.). |
| 4 EL Korinthen | Korinthen waschen, zum Gemüse geben und weitere 5 Min. garen. |
| 2 TL kaltes Wasser<br>2 TL Weizenmehl Type 1050 | Glattrühren und unter Rühren in die kochende Brühe geben. |
| Meersalz, Wasser, Sojasoße Zitronensaft | Würzen und abschmecken. |
| **Variation:** | 200 g Ananasstücke unter das Gemüse heben. |

## Süßsaures Gurkengemüse (2 Portionen)

| | |
|---|---|
| 600 g Schmorgurken | Schälen, der Länge nach halbieren, die Kerne entfernen und in Stücke schneiden. |

| | |
|---|---|
| 1 EL Öl<br>1 EL Weizenmehl Type 1050 | Öl in einem flachen Topf erhitzen, Gurkenstücke zugeben, anbraten, Mehl zugeben und etwas bräunen lassen. |
| Jodsalz, Pfeffer,<br>1 Prise Vollzucker<br>2 EL Rotweinessig | Würzen, abschmecken und im geschlossenen Topf auf kleiner Flamme 8 Min. schmoren lassen. |

## Rote Bete als Gemüsebeilage (2 Portionen)

**TIPP: Beim Schälen eventuell Gummihandschuhe anziehen.**

| | |
|---|---|
| 500 g Rote Bete | Schälen und in längliche Spalten schneiden. |
| 1 Zwiebel<br>1 Knoblauchzehe<br>1 EL Öl | Pellen, fein würfeln und im heißen Öl andünsten. |
| 1 TL Honig<br>100 ml Gemüsebrühe | Vorbereitete Rote Bete zugeben und bei schwacher Hitze 10 Min. köcheln lassen. |
| 100 g Soja Cremig neutral<br>1 EL Haselnussmus | Zugeben und abschmecken. |
| Meersalz, Pfeffer, Majoran | |
| **Veränderung:** | Statt Soja Cremig neutral Saure Sahne verwenden. |

## Französische Erbsen (2 Portionen)

| | |
|---|---|
| 1 Schalotte | Abziehen und fein hacken. |
| 2 EL Öl | Erhitzen und die Schalotten darin anschwitzen. |
| 150 ml Gemüsebrühe | Aufgießen. |
| 300 g vorbereitete Erbsen | Zugeben und auf kleiner Flamme 20 Min. garen. Flüssigkeit abgießen. |
| Meersalz, Pfeffer | Würzen. |
| 1/4 Kopfsalat | Waschen, trocken tupfen und in Streifen schneiden. Die Salatstreifen unter die Erbsen heben und sofort servieren. |

## Gebratene Wirsingspalten (2 Portionen)

| | |
|---|---|
| 1/2 Wirsingkohl (ca. 500 g) | Putzen und in große Spalten schneiden. |
| 2 EL Öl | In einem großen Bräter erhitzen und die Kohlspalten von beiden Seiten anbraten. |
| Meersalz, Pfeffer 300 ml Gemüsebrühe | Würzen, die Brühe aufgießen und zugedeckt ca. 25 Min. schmoren lassen. Zwischendurch einmal wenden. |

**Soße (scharf):**

| | |
|---|---|
| 1 Zwiebel<br>1 Knoblauchzehe | Pellen und fein würfeln. |
| 1 Chilischote | Der Länge nach halbieren, putzen, entkernen, waschen und in feine Streifen schneiden. |
| 1 EL Öl | Erhitzen, Gemüse zugeben und anrösten. |
| 1/2 Dose geschälte Tomaten (240 g) | Mit der Flüssigkeit zugeben und bei kleiner Hitze 10 Min. ohne Deckel köcheln lassen. |
| Meersalz, Pfeffer<br>1/2 TL Ahornsirup<br>1/2 EL Balsamico-Essig<br>Thymian, Majoran, Basilikum | Würzen, abschmecken und zu den Wirsingspalten servieren. |

*TIPP: Als Beilage sind Vollkorn-Spiralnudeln gut geeignet.*

## Bohnengemüse mit Tomaten (2 Portionen)

| | |
|---|---|
| 300 g grüne Bohnen<br>Wasser, Meersalz | Waschen, putzen, etwas kleinschneiden und im Salzwasser 10 Min. kochen. Abgießen. |
| 1 Zwiebel<br>1 Knoblauchzehe | Pellen und fein würfeln. |

*Für Fortsetzung bitte umblättern*

| | |
|---|---|
| 2 EL Olivenöl | In einem Topf erhitzen, Zwiebeln und Knoblauch zugeben und glasig dünsten. |
| 2 Tomaten | Waschen, vierteln, Stielansätze entfernen und zugeben, dann Bohnen zugeben und 5 Min. im geschlossenen Topf garen. |
| Meersalz, Pfeffer<br>1 EL gehackten Rosmarin | Würzen, abschmecken und servieren. |

## *Bohnengulasch* (2 Portionen)

| | |
|---|---|
| 1 Zwiebel | Pellen, halbieren und in Würfel schneiden. |
| 1 Paprikaschote, gelb | Halbieren, Innenhäute und Kerne entfernen, waschen und würfeln. |
| 1 EL Öl | Erhitzen und die Gemüsewürfel 5 Min. darin anbraten. |
| 1/2 l Gemüsebrühe | Zugeben und aufkochen lassen. |
| 400 g frische Brechbohnen | Waschen, Enden abschneiden, etwas kleinschneiden und zugeben. |
| Meersalz, Pfeffer<br>Bohnenkraut | Zugeben und 20 Min. kochen lassen. |
| 2 Tomaten | Waschen, Stielansätze entfernen, vierteln und die letzten 10 Min. mitkochen. |
| 2 EL Tomatenmark | Unterrühren und abschmecken. |

*TIPP: Vollkornnudeln dazu servieren.*

## Möhren mit Lorbeer (2 Portionen)

| | |
|---|---|
| 400 g Möhren | Putzen, schälen und in gleichmäßige Stücke schneiden. |
| 150 ml Orangensaft<br>1 Lorbeerblatt<br>1/2 TL Meersalz | Zum Kochen bringen, Möhren zugeben und auf kleiner Flamme 15-20 Min. garen. Lorbeerblatt entfernen. |
| Pfeffer | Aus der Flüssigkeit nehmen und mit Pfeffer würzen und abschmecken. |

## Zucchini-Risotto mit Ricotta-Soße (2 Portionen)

| | |
|---|---|
| 2 mittelgroße Zucchini<br>(ca. 500 g)<br>2 EL Öl | Zucchini waschen, Enden abschneiden und würfeln. Im heißen Öl ca. 5 Min. braten. Beiseite stellen. |
| 1 Zwiebel<br>1 Knoblauchzehe | Pellen und würfeln. |
| 2 EL Öl | Erhitzen, Zwiebeln und Knoblauch darin anrösten. |
| 120 g Risotto-Reis | Zugeben und 1-2 Min. mitrösten. |
| 350 ml Gemüsebrühe | Nach und nach zugeben. Immer wieder einkochen lassen, bis der Reis gar ist. Ca. 20 Min. |

*Für Fortsetzung bitte umblättern*

| | |
|---|---|
| Meersalz, Pfeffer | Zucchini unterheben, würzen und abschmecken. |

**Soße:**

| | |
|---|---|
| 150 g Naturjoghurt<br>150 g Ricotta-Käse<br>Meersalz, Pfeffer<br>frisch gehackte Petersilie<br>etwas Minze und Liebstöckel | Mit dem Elektromixer cremig rühren und abschmecken. |

## Spiralnudeln mit Kürbissoße (2 Portionen)

| | |
|---|---|
| 200 g Dinkelnudeln<br>Wasser, Meersalz | Die Nudeln im kochenden Wasser nach Packungsangabe kochen. |

**Soße:**

| | |
|---|---|
| 50 g Kürbisfleisch | Das Kürbisfleisch grob würfeln. |
| 1 gelbe Paprikaschote | Putzen, waschen, Kerne und weiße Innenhäute entfernen und grob würfeln. |
| 1 TL Sonnenblumenöl | Öl in einem Topf erhitzen, Paprikawürfel zugeben, kurz anbraten und das restliche Gemüse zugeben. |
| heißes Wasser | So viel heißes Wasser aufgießen, dass das Gemüse knapp bedeckt ist. |
| Meersalz, Pfeffer | Würzen und im geschlossenen Topf 20 Min. kochen lassen.<br>Von der Kochstelle nehmen. Pürieren. |

| | |
|---|---|
| 2 EL Saure Sahne<br>Liebstöckel, Majoran | Unterrühren, abschmecken und zu den Nudeln servieren. |

## Nudeln mit grüner Soße (2 Portionen)

| | |
|---|---|
| 200 g Vollkorn-Farfalle<br>(Schmetterlingsnudeln)<br>Wasser, Meersalz | Nudeln im Salzwasser 18 Min. kochen und sofort mit der Soße servieren. |

**Soße:**

| | |
|---|---|
| 1/2 Bund Frühlingszwiebeln | Putzen, waschen, kleinschneiden. |
| 1 Zucchini (ca.180g) | Waschen und kleinschneiden. |
| 60 g frische Erbsen<br>1 EL Öl | Öl erhitzen, Frühlingszwiebeln ca. 3 Min. anbraten, restliches Gemüse zugeben. |
| heißes Wasser | So viel Wasser aufgießen, dass das Gemüse knapp bedeckt ist.<br>Im geschlossenen Topf 20 Min. auf kleiner Flamme kochen.<br>Mit dem Pürierstab pürieren. |
| Meersalz, Pfeffer<br>frisch gehackte Kräuter<br>z.B. Liebstöckel, Dill, Petersilie | Würzen, abschmecken und sofort servieren. |

## Auberginengemüse (2 Portionen)

| | |
|---|---|
| 200 g Auberginen | Waschen, Enden abschneiden und würfeln. |
| 1 EL Olivenöl | Erhitzen und die Auberginenwürfel darin anbraten. |
| | |
| 1 Zwiebel | Zwiebel pellen und würfeln. Paprikaschote waschen, vierteln, entkernen, Innenhäute entfernen und in Stücke schneiden. Zugeben und mitdünsten, ca. 2 Min. |
| 1 gelbe Paprikaschote | |
| | |
| 200 g Tomaten | Waschen, Stielansätze entfernen, in Spalten schneiden, zugeben und im geschlossenen Topf 10 Min. garen. |
| | |
| 1 EL Balsamico-Essig | Zugeben und abschmecken. |
| 1/2 TL Vollzucker | |
| Meersalz, Pfeffer, Basilikum | |
| 1 EL Kapern | |
| 10 schwarze Oliven ohne Kern | |

## Wirsinggemüse mit Aprikosen (2 Portionen)

| | |
|---|---|
| 60 g getrocknete Aprikosen | Aprikosen in Streifen schneiden, mit dem Apfelsaft begießen und einige Stunden darin quellen lassen. |
| 100 ml Apfelsaft | |
| | |
| 400 g Wirsingkohl | Putzen und in feine Streifen schneiden. |
| | |
| 3-4 Lauchzwiebeln | Putzen, waschen und fein schneiden. |

| | |
|---|---|
| 2 EL Öl | Erhitzen, Lauchzwiebeln andünsten. Kohl zugeben. |
| 150 ml Gemüsebrühe | Brühe aufgießen und im geschlossenen Topf 20 Min. garen. Flüssigkeit abgießen. |
| Meersalz, Pfeffer Saft und Schale 1 unbehandelten Zitrone | Würzen, abschmecken und die abgegossenen Aprikosen unterheben. |

## Schwarzwurzeln mit Apfelweinsoße (2 Portionen)

| | |
|---|---|
| 400 g Schwarzwurzeln Wasser, Essig | Gründlich waschen, schälen und in Stücke schneiden. Sofort in Essigwasser legen, damit sie nicht braun werden. |
| Wasser, Meersalz | In wenig Salzwasser im geschlossenen Topf 20 Min. kochen, Flüssigkeit abgießen. |

**Soße:**

| | |
|---|---|
| 2 Schalotten | Pellen und fein würfeln. |
| 2 Äpfel | Schälen, entkernen und würfeln. |
| 1 EL Haselnussöl | Erhitzen, Schalotten und Äpfel darin andünsten. |
| 150 ml Apfelwein | Aufgießen und bei mittlerer Hitze 10 Min. köcheln. |
| 2 EL Saure Sahne Pfeffer, Muskat, Meersalz | Unter die Soße rühren. Würzen, abschmecken und über die Schwarzwurzeln geben. |
| Petersilie | Mit frisch gehackter Petersilie bestreuen. |

## Indisches Linsengemüse (2 Portionen)

| | |
|---|---|
| 1 Zwiebel | Pellen und würfeln |
| 1 EL Öl | Öl erhitzen, Zwiebelwürfel zugeben. |
| 1 TL Curry<br>2 TL Garam Masala<br>1 TL Curcuma | Zugeben und kurz mitdünsten. |
| 150 ml Gemüsebrühe<br>1 Dose Kokosmilch<br>(200 ml) | Aufgießen. |
| 150 g rote Linsen | Zugeben und im geschlossenen Topf 15 Min. kochen. Zwischendurch mehrmals umrühren. |
| Meersalz, Pfeffer | Würzen, abschmecken. |

**TIPP: Mit Reis servieren.**

## Paprikagemüse (2 Portionen)

| | |
|---|---|
| 2 rote Paprikaschoten<br>1 gelbe Paprikaschote | Waschen, vierteln, Innenhäute und Kerne entfernen und in Streifen schneiden. |

| | |
|---|---|
| 1 Gemüsezwiebel | Pellen und würfeln. |
| 2 EL Olivenöl | Erhitzen, Zwiebelwürfel anschwitzen. |
| 80 ml Gemüsebrühe | Paprika und Brühe zugeben und 10 Min. im geschlossenen Topf kochen. Flüssigkeit abgießen. |
| 1 TL Edelsüß-Paprika<br>Meersalz, Pfeffer<br>Sambal Olek | Würzen und abschmecken. |

**TIPP: Gebackener Schafskäse schmeckt sehr gut dazu.**

## Pfifferling-Ragout (2 Portionen)

| | |
|---|---|
| 500 g Pfifferlinge | Säubern, große Exemplare evtl. zerkleinern. |
| 1/2 Stange Porree | Der Länge nach halbieren, gründlich waschen und in feine Ringe schneiden. |
| 2 EL Rapsöl | Erhitzen, Porree darin anbraten, Pilze zugeben und ca. 5 Min. braten. |
| 400 ml Gemüsebrühe | Aufgießen und aufkochen lassen. |
| 1 leicht gehäufter EL Mehl<br>4 EL kaltes Wasser | Glattrühren und in die kochende Flüssigkeit rühren, kurz aufkochen lassen. |
| 50 ml Soja Cremig neutral<br>(oder Sahne) | Zur Verfeinerung zugeben, nicht mehr kochen. |

*Für Fortsetzung bitte umblättern*

| | |
|---|---|
| Meersalz, Pfeffer<br>Sellerieblatt gerebelt | Würzen und abschmecken. |

*TIPP: Kartoffelknödel dazu reichen.*

## Würziges Mischgemüse (2 Portionen)

| | |
|---|---|
| 2 EL Rosinen<br>Apfelsaft | Die Rosinen einige Stunden im Apfelsaft einweichen. |
| 1 Zwiebel<br>1 Zucchini<br>1 Möhre<br>150 g Staudensellerie | Waschen, putzen und kleinschneiden. |
| 1 EL Öl | Die Zwiebel in heißem Öl andünsten, restliches Gemüse dazugeben. |
| 150 ml Gemüsebrühe | Aufgießen und im geschlossenen Topf 20 Min. garen. Abgießen. |
| Meersalz, Pfeffer, Piment,<br>Kreuzkümmel (Cumin), Zimt | Würzen, abschmecken und die Rosinen unterheben. |

*TIPP: Couscous dazu servieren.*

# Spinat-Pfannkuchen (2 Portionen)

**Pfannkuchen:**

| | |
|---|---|
| 1 Ei | Mit dem Elektromixer zu einem Teig verrühren, 20 Min. quellen |
| 180 ml Milch | lassen, im heißen Öl die Pfannkuchen beidseitig goldgelb backen. |
| 80 g Weizenmehl Type 1050 | Warm halten. |
| Meersalz | |
| Öl zum Braten | |

**Spinat:**

| | |
|---|---|
| 1 Schalotte | Pellen und würfeln. |
| 1 Knoblauchzehe | |
| 400 g Spinat | Verlesen, waschen, gut abtropfen lassen und etwas kleinschneiden. |
| 1 EL Öl | Öl erhitzen, Zwiebel und Knoblauch anrösten, Spinat zugeben. |
| 50 ml Gemüsebrühe | Aufgießen, im geschlossenen Topf 15 Min. garen, Flüssigkeit abgießen. |
| Meersalz, Pfeffer, Muskat | Unterrühren und abschmecken, Spinat zu den Pfannkuchen servieren. |
| 20 g geriebenen Parmesan | |

*TIPP: Eine Tomatensoße oder Kräuterquark schmecken sehr gut dazu.*

*TIPP: Beim Garen von tiefgefrorenem Spinat keine Gemüsebrühe zugeben, denn durch das Auftauen bildet sich genug Flüssigkeit.*

## Zuckerschoten in Kerbelsoße (2 Portionen)

| | |
|---|---|
| 300 g Zuckerschoten<br>Wasser, Meersalz | Die Schoten waschen, putzen und in 2 cm große Stücke schneiden. Im Salzwasser 5 Min. garen. Abgießen. |
| **Soße:**<br>1 EL Reform-Margarine<br>1 EL Mehl Type 1050<br>200 ml Milch | Mehlschwitze herstellen, mit der Milch aufgießen und 4 Min. unter Rühren leicht kochen lassen, damit das Mehl gart. |
| Meersalz, Pfeffer | Würzen, abschmecken und mit den Schoten verrühren. |
| 1/2 Bund Kerbel | Waschen, hacken und unterheben. |

## Grünkohl Holsteiner Art (2 Portionen)

| | |
|---|---|
| 1/2 kg vorbereiteter Grünkohl<br>Wasser, Meersalz | Grünkohl 3 Min. im kochenden Salzwasser blanchieren, abschrecken, abtropfen lassen und sehr fein schneiden. |
| 1 Zwiebel<br>20 g pflanzliches Schmalz | Zwiebel pellen, würfeln und im heißen Schmalz glasig dünsten, Kohl zugeben. |
| 100 ml Gemüsebrühe | Zugeben und im geschlossenen Topf 45 Min. kochen. |
| Meersalz, Pfeffer | Würzen und abschmecken. |

**TIPP: Dazu süße Röstkartoffeln reichen.**

## Zwiebelgemüse (2 Portionen)

| | |
|---|---|
| 400 g Gemüsezwiebeln | Pellen, halbieren und in feine Streifen schneiden. |
| 150 ml Gemüsebrühe | Aufkochen und die Zwiebel darin 12 Min. kochen lassen. |
| 1 EL Mehl<br>2 EL Wasser | Verrühren, an das Gemüse geben, dabei gut rühren und kurz aufkochen lassen. |
| 50 g Sahne oder Milch<br>Meersalz, Pfeffer<br>frisch gehackte Petersilie | Unterrühren und abschmecken. |

*TIPP: Dazu Pellkartoffeln servieren.*

*TIPP: Versuchen Sie dieses Rezept mit roten Zwiebeln.*

## Rübenmus* (2 Portionen)
*typisches Winteressen in Schleswig-Holstein.*

| | |
|---|---|
| 500 g Steckrüben | Waschen, putzen, schälen und würfeln. |
| 2 Möhren | Waschen, schälen und in Stücke schneiden. |
| 4 Kartoffeln | Waschen, schälen und in Stücke schneiden. |

*Für Fortsetzung bitte umblättern*

| | |
|---|---|
| 600 ml Gemüsebrühe | Aufgießen, zum Kochen bringen und 1 Stunde kochen lassen. Etwas Brühe abgießen, den restlichen Inhalt mit dem Kartoffelstampfer zerdrücken. Evtl. Brühe zugeben, bis eine angenehme Konsistenz entstanden ist. |
| Meersalz, Pfeffer<br>1 Prise Vollzucker<br>gemahlener Piment | Kräftig würzen und abschmecken. |

*TIPP: Dazu schmeckt ein vegetarisches Bratwürstchen.*

## Maiskolben vom Grill (2 Portionen)

| | |
|---|---|
| 2 Maiskolben (ca. 200 g)<br>Meersalz, Wasser | Die Maiskolben im Salzwasser kochen. Abgießen und abtropfen lassen. |
| 40 g Reform-Margarine<br>Meersalz, Pfeffer | Die Maiskolben mit der Margarine bestreichen, würzen, in Alufolie wickeln oder in eine Grillschale legen. 5-8 Min. grillen, dabei gelegentlich wenden. |

## Pikante Möhren-Sellerie-Waffeln (2 Portionen/3-4 Waffeln)

| | |
|---|---|
| 100 g Möhren<br>80 g Sellerie | Schälen und fein raspeln. |

| | |
|---|---|
| 2 Eier<br>50 g Weizenmehl Type 1050<br>40 g kleingeschnittenen<br>Käse, Pfeffer, Meersalz | Kräftig miteinander vermischen und unter das Gemüse rühren. |
| | Im vorgeheizten Waffeleisen den Teig dünn verstreichen und auf Stufe 5 ca. 5 Min. backen. Heiß servieren. |

**TIPP: Dazu einen pikanten Quark oder einen Avocadoaufstrich reichen.**

## *Spinatwaffeln* (2 Portionen/3-4 Waffeln)

| | |
|---|---|
| 150 g Blattspinat | Verlesen, waschen und gut abtropfen lassen. |
| 1 Zwiebel, klein | Pellen und fein würfeln. |
| 1 EL Öl | Erhitzen, Zwiebel andünsten, Spinat zugeben und 5 Min. dünsten. |
| Meersalz, Pfeffer, Muskat | Würzen und mit dem Pürierstab pürieren. |
| **Teig:**<br>70 g Reform-Margarine<br>2 Eier<br>120 g Mehl<br>120 ml Milch<br>Meersalz, Pfeffer | Mit dem Elektromixer verrühren, Spinat unterrühren und im heißen Waffeleisen nach und nach die Waffeln backen. |

**TIPP: Kräuterfrischkäse dazu servieren.**

## Zwiebelwaffeln (2 Portionen)

| | |
|---|---|
| 125 g Reform-Margarine<br>4 Eier<br>240 g Weizenmehl Type 1050<br>2 TL Backpulver<br>1/2 TL Brotgewürz<br>Meersalz, Pfeffer | Mit dem Elektromixer verrühren. |
| 150 g Zwiebeln | Pellen, fein würfeln und unter den Teig heben. |
| | Waffeln backen, im heißen Ofen warm halten und zu einer gebundenen Suppe servieren. |

## Eingelegte Möhren

| | |
|---|---|
| 400 g Möhren<br>3 Zweige Rosmarin<br>einige Blätter frische Minze und Thymian | Schälen und in 2 cm breite Scheiben schneiden. Waschen und abtropfen lassen. |
| 100 ml Weißwein<br>100 ml Essig<br>100 ml Wasser | Mit den Kräutern zu den Möhren geben und 15 Min. im geschlossenen Topf kochen. |

1 abgepellte Knoblauchzehe  Würzen, abkühlen lassen und in Haushaltsdosen mit gut
1 TL flüssigen Honig  verschließbarem Deckel füllen.
3 EL Rapsöl
Meersalz, Pfeffer

**TIPP:** Im Kühlschrank lagern und innerhalb von 3 Tagen verbrauchen.
Sollten Kinder im Haushalt sein, so lässt sich der Wein durch Apfelsaft ersetzen.

**TIPP:** Schmecken sehr gut als Beilage, gut geeignet zum Mitnehmen an den Arbeitsplatz,
zum Sport oder Picknick.

# Wildgemüsegerichte

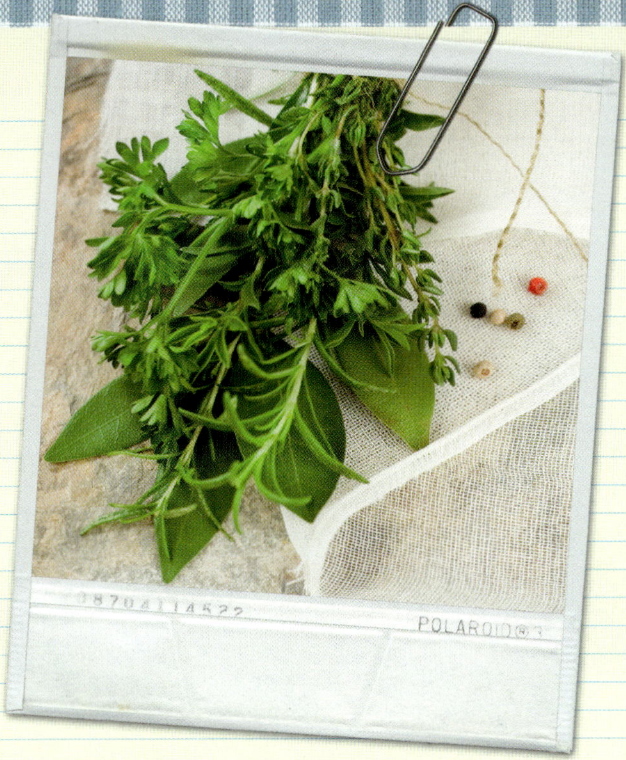
POLAROID

*Wildgemüse*

*In Not- und Hungerzeiten wurden die Wildgemüse verwendet, danach wieder durch die Kulturgemüse ersetzt. Die meisten von uns kennen sie nur unter dem Namen „Unkraut". Doch in den letzten Jahren stieg ihre Beliebtheit wieder beträchtlich an. Es wurde bekannt, dass sie ein Vielfaches der Vitamine und Mineralstoffe enthalten wie Kulturgemüse. Ein weiterer Vorteil ist, dass sie ohne Pflanzenschutzmittel und Dünger auskommen.*
*Viele Wildgemüse sind zugleich Heilpflanzen. Sie enthalten ätherische Öle, Aroma- und Bitterstoffe, die sich positiv auf den Stoffwechsel des Menschen auswirken. Zum Beispiel wirken sie verdauungsfördernd, entwässernd, blutreinigend und appetitanregend.*

*Der Geschmack der Wildgemüse ist viel würziger und aromatischer als der von Kulturpflanzen. Wer bisher noch kein Wildgemüse gegessen hat, sollte sich langsam daran gewöhnen und zu Beginn die Wildgemüse mit bekannten Lebensmitteln mischen.*

*Es bringt viel Spaß, Wildgemüse zu sammeln, doch sollte als wichtigste Voraussetzung ein einwandfreies Erkennen der Arten gewährleistet sein. Pflanzenbestimmungsbücher sind nicht immer ausreichend, schließen Sie sich eventuell einem Pflanzenkenner bei einer Sammeltour an.*

*Jeder Sammler sollte bedenken, dass die Natur nicht zunichte gemacht werden darf. Es sollten also nur so viele Pflanzen entnommen werden, dass die Art erhalten bleibt. Der Sammelstandort muss einwandfrei sein, d.h. abseits von stark befahrenen Straßen, frei von Spritzungen und natürlich auch kein Hundespazierweg.*

## Frühlingssuppe mit Wildkräutern (2 Portionen)

| | |
|---|---|
| 2 Frühlingszwiebeln | Putzen, waschen und in feine Ringe schneiden. |
| 1/2 Tasse Graupen | |
| 1 EL Öl | Erhitzen, Frühlingszwiebeln und Graupen darin anrösten. |

| | |
|---|---|
| 1/2 l Gemüsebrühe | Aufgießen und im geschlossenen Topf 20 Min. kochen. |
| 180 g gemischte Wildkräuter (z.B. Brennessel, Giersch, Löwenzahn, Gundermann, Sauerampfer) | Waschen, abtropfen lassen, fein schneiden und zur Suppe geben. |
| 40 g Saure Sahne Meersalz, Pfeffer | Unterrühren und abschmecken. |

**TIPP: Dazu frisches Bauernbrot reichen.**

## Brotbelag mit Gundermann (1 Portion)

| | |
|---|---|
| 1/2 Tasse Gundermann-blätter | Waschen, abtropfen lassen und fein hacken. |
| 1/2 TL frisch gehackte Petersilie | Unterheben. |
| 1 Scheibe Dinkelbrot Reform-Margarine oder körnigen Frischkäse Gundermannblüten | Das Brot mit Margarine oder Frischkäse bestreichen und die Gundermann-Mischung darauf verteilen. Nach Belieben mit einigen Blüten garnieren. |

## Frühlingskräuterpesto

| | |
|---|---|
| 50 g frische Wildkräuter (z.B. Giersch, Brennnessel oder Löwenzahn) 1 Bund glatte Petersilie 1 Bund Bärlauch | Waschen und sehr gut abtropfen lassen, evtl. in einem Geschirrtuch trocken drücken. |
| 120 g geröstete Pinienkerne 180 g kaltgepresstes Rapsöl Meersalz, Pfeffer | Hinzugeben, pürieren, in Twist-Off-Gläser füllen und im Kühlschrank lagern. |

**TIPP:** Hält sich mehrere Wochen, schmeckt gut zu Nudelgerichten, Kartoffeln und als Salatzutat.

**TIPP:** Wildkräuter gibt es inzwischen auf Wochenmärkten und in Gemüsegeschäften zu kaufen. Wer nicht die Möglichkeit oder die Zeit hat, welche zu sammeln, braucht auf den Genuss trotzdem nicht zu verzichten.

## Löwenzahnrisotto (2 Portionen)

| | |
|---|---|
| 75 g Löwenzahnblätter | Waschen und grob zerschneiden. |
| 1/2 Zwiebel 1/2 Knoblauchzehe | Von der Schale befreien und fein würfeln. |
| 1 1/2 EL Öl | Erhitzen, Zwiebel- und Knoblauchwürfel anschwitzen. |

| | |
|---|---|
| 125 g Vollreis | Hinzufügen und unter Rühren glasig dünsten. |
| 1/4 l Gemüsebrühe | Zugeben und im geschlossenen Topf 20 Min. garen. Nach 10 Min. die vorbereiteten Löwenzahnblätter zugeben, sodass diese noch 10 Min. mitgaren. |
| 50 g Emmentaler | Grob raspeln oder in feine Streifen schneiden, unterheben. |
| Meersalz, Pfeffer | Würzen, abschmecken und servieren. |

**TIPP:** Wenn der Reis glasig ist, 3 EL Weißwein zugeben und verdunsten lassen.

## Brennnesselgemüse (2 Portionen)

| | |
|---|---|
| 400 g Brennnesselblätter | Waschen, abtropfen lassen und in Streifen schneiden. |
| 1/2 l kochendes Wasser | Brennnesel 2 Min. ins kochende Wasser geben, auf einem Durchschlag abtropfen lassen. |
| 1/2 Zwiebel<br>1/2 EL Öl | Die Zwiebel pellen, halbieren, in Würfel schneiden und im heißen Öl andünsten, die Brennnessel hinzugeben. |
| 75 g Gemüsebrühe | Mit der Gemüsebrühe aufgießen und im geschlossenen Topf 10 Min. garen. Abgießen. |
| Meersalz, Pfeffer, Koriander | Würzen und abschmecken. |

*Für Fortsetzung bitte umblättern*

**Variation:**
50 g Saure Sahne          Unter das Gemüse rühren.

**TIPP: Das Brennnesselgemüse kann wie Spinat zu Eiern serviert werden.**

## Sauerampfersoße (2 Portionen)

| | |
|---|---|
| 15 g Sauerampfer | Waschen und fein hacken. |
| 15 g Reform-Margarine<br>15 g Weizenmehl Type 1050<br>175 ml Gemüsebrühe<br>Meersalz, Pfeffer | Margarine erhitzen, Mehl darin anschwitzen, Sauerampfer zugeben.<br>Nach und nach die Brühe unter ständigem Rühren zugeben.<br>Soße 8 Min. köcheln lassen.<br>Würzen und abschmecken. |
| 75 g Soja Cremig neutral | Unterrühren, aber nicht mehr kochen lassen. |

## Tortellini-Salat mit Wildkräutern (2 Portionen)

| | |
|---|---|
| 1/2 Bund Löwenzahnblätter<br>2-3 Wegerichblätter<br>1/2 kleinen Bund Vogelmiere<br>1/2 Bund Knöterichblätter | Waschen, abtropfen und zerkleinern. |
| 1/2 rote Paprikaschote | Waschen, putzen und würfeln. |

| | |
|---|---|
| 1/2 kleine Zwiebel | Pellen, halbieren und fein würfeln. |
| 125 g Vollkorn-Tortellini | In reichlich Wasser garen (ca. 10 Min.), abgießen und abkühlen lassen. |

**Dressing:**

| | |
|---|---|
| 2 EL Obstessig<br>2½ EL Mohn-Öl oder eine andere Sorte kaltgepresstes Öl<br>Meersalz, Pfeffer, Paprika, Koriander<br>1 Tropfen Frutilose oder Agavendicksaft | Verrühren, mit den übrigen Zutaten vermischen, etwas durchziehen lassen, abschmecken und eventuell nachwürzen. |

## Wildkräuterquark

| | |
|---|---|
| 1/2 Bund gemischte Wildkräuter z.B. Brennnesselspitzen, Löwenzahn, Giersch, Gundermann, Knöterich, Wegerich, etwas Beifuß (oder auch nur 2-3 verschiedene Sorten) | Waschen, abtropfen lassen und fein hacken. |

*Für Fortsetzung bitte umblättern*

| | |
|---|---|
| 125 g Quark<br>50 g Natur-Joghurt<br>1/2 EL Majonnaise<br>1/2 TL Senf<br>Meersalz, Pfeffer | Mit dem elektrischen Handrührgerät cremig schlagen und abschmecken. |
| 1/2 kleine Zwiebel | Pellen und fein würfeln. |
| 1/2 Gewürzgurke | In feine Würfel schneiden. |
| | Alle Zutaten miteinander mischen. |

**TIPP: Dieser Quark eignet sich als Brotbelag, zu Pellkartoffeln oder pikanten Waffeln.**

## Buntes Rührei mit Giersch (2 Portionen)

| | |
|---|---|
| 1/2 Bund Giersch | Waschen, abtropfen lassen und fein schneiden. |
| 1/2 Knoblauchzehe<br>1/2 kleine Zwiebel | Pellen und fein würfeln. |
| 1/2 kleine Möhre | Schälen und grob raspeln. |
| 3 Eier, 50 ml Milch<br>Meersalz, Pfeffer,<br>Kurkuma, Curry,<br>1/2 EL Haferflocken<br>Schabzigerklee<br>(Kräuterfrischkäse) | Mit dem Schneebesen kräftig verrühren, dann die vorbereiteten Zutaten unterheben. |

| | |
|---|---|
| Öl zum Braten | Das Öl in einer Pfanne erhitzen, die Eimasse hineingeben, bräunen lassen, wenden, und auch wenn die Unterseite goldbraun ist, servieren. |

## Löwenzahn-Rührei (2 Portionen)

| | |
|---|---|
| 80 g frische Löwenzahnblätter | Waschen, abtropfen lassen und fein schneiden. |
| 1 rote Zwiebel | Pellen und würfeln. |
| 3 Eier<br>3 EL Milch<br>Meersalz, Pfeffer, Curry | Sehr gut verrühren. |
| 1 EL Öl | Erhitzen, Zwiebelwürfel anbraten, Löwenzahn und Eier zugeben, unter gelegentlichem Rühren stocken lassen. Sofort servieren. |

# Index

**Suppen**

| | |
|---|---|
| Bohnensuppe | 2 |
| Erbsensuppe mit Minze | 6 |
| Exotische Kürbissuppe | 12 |
| Exotische Möhrensuppe | 2 |
| Fenchelsuppe | 8 |
| Frische Tomatensuppe | 17 |
| Gelbe Paprikasuppe | 18 |
| Grünkohlsuppe mit Räuchertofu | 20 |
| Gurken-Dill-Suppe | 18 |
| Gurkenkaltschale | 12 |
| Kartoffelsuppe mit Käse | 9 |
| Klare Steckrübensuppe | 6 |
| Kürbissuppe | 24 |
| Linseneintopf | 23 |
| Pilzsuppe | 13 |
| Rote Linsensuppe | 9 |
| Rübensuppe | 22 |
| Sauerkrautsuppe aus Estland | 14 |
| Schwarzwurzelsuppe | 16 |
| Sellerie-Apfel-Suppe | 19 |
| Selleriesuppe mit Käse | 15 |
| Spargelsuppe | 21 |
| Spinatsuppe | 7 |
| Weißkohlsuppe | 14 |
| Zucchinisuppe mit Joghurt | 21 |

**Salate**

| | |
|---|---|
| Bohnen-Curry-Salat | 36 |
| Bohnensalat | 40 |
| Brokkolisalat mit Schafskäse | 34 |
| Eier im Gemüsebett | 39 |
| Feldsalat mit Orangen | 45 |
| Feldsalat mit Walnüssen | 37 |
| Fruchtiger Eisbergsalat | 51 |
| Fruchtiger Fenchelsalat | 28 |
| Gefüllte Tomaten | 49 |
| Gurken-Tomaten-Salat | 35 |
| Kopfsalat mit Buttermilch | 52 |
| Krautsalat mit Erdnüssen | 46 |
| Marinierter Grünkohl | 37 |
| Mediterraner Bohnensalat | 43 |
| Möhren mit Erdnuss-Soße | 28 |
| Möhrenrohkost mit Weintrauben | 51 |
| Orientalischer Tomatensalat | 50 |
| Radieschensalat | 42 |
| Porreerohkost | 32 |
| Porreesalat mit Mais | 33 |
| Rote Bete Rohkost | 38 |
| Roter Wintersalat | 29 |
| Rotkohlsalat | 46 |
| Rotkohlsalat mit Preiselbeeren | 47 |
| Rucola Salat | 47 |
| Sauerkraut mit Senf-Honig-Soße | 30 |

| | |
|---|---|
| Sauerkrautfrischkost mit Roter Bete | 38 |
| Schwarzwurzelsalat in Tomatendressing | 48 |
| Selleriesalat mit Nüssen | 41 |
| Steckrübenrohkost | 30 |
| Steckrübensalat | 31 |
| Warmer Zucchinisalat | 44 |
| Weißer Bohnensalat | 33 |
| Wirsing-Salat | 44 |
| Zuckerschotensalat mit Nüssen | 40 |

## Aufstriche

| | |
|---|---|
| Bärlauchaufstrich mit Oliven | 60 |
| Basilikum-Frischkäse-Aufstrich | 63 |
| Champignonaufstrich | 60 |
| Erbsen-Eier-Salat | 58 |
| Guacamole - mexikanischer Brotaufstrich | 56 |
| Kürbisaufstrich | 59 |
| Möhren-Birnen-Aufstrich | 57 |
| Paprika-Brotaufstrich | 56 |
| Pikanter Brotaufstrich mit Dicken Bohnen | 61 |
| Radieschenquark | 64 |
| Schalottenkonfitüre | 62 |
| Würzige Pilzcreme | 61 |
| Zwiebel-Nuss-Aufstrich | 58 |

## Ofengerichte

| | |
|---|---|
| Auberginen-Tomaten-Brot | 79 |
| Blätterteigpasteten mit Pilzfüllung | 72 |
| Blumenkohlauflauf | 74 |
| Brokkoli-Couscous-Auflauf | 75 |
| Gefüllte Auberginen | 70 |
| Gefüllter Blumenkohl | 69 |
| Gefüllte Teigtaschen | 73 |
| Gemüseauflauf mit Joghurt | 78 |
| Grüner Auflauf | 78 |
| Pilzauflauf mit Graupen | 71 |
| Rote-Bete-Gemüse aus dem Ofen | 75 |
| Schwarzwurzel-Gratin | 68 |
| Sellerie mit Brotkruste | 77 |
| Spargel im Blätterteig | 68 |
| Überbackener Fenchel | 76 |

## Warme Speisen

| | |
|---|---|
| Auberginengemüse | 112 |
| Blumenkohl-Curry | 97 |
| Bohnen-Bratlinge | 82 |
| Bohnengemüse mit Tomaten | 107 |
| Bohnengulasch | 108 |
| Brokkoli-Pfanne | 84 |
| Chinakohl-Pfanne | 86 |
| Currygurken | 93 |
| Dicke Bohnen | 94 |
| Eingelegte Möhren | 122 |
| Fenchelgemüse | 100 |
| Französische Erbsen | 106 |
| Gebratene Schwarzwurzeln | 89 |
| Gebratene Tomaten | 90 |
| Gebratene Wirsingspalten | 106 |
| Griechischer Salat | 98 |
| Grüner Spargel mit Rührei | 91 |
| Grünkohl | 92 |
| Grünkohl Holsteiner Art | 118 |

| | |
|---|---|
| Indisches Linsengemüse | 114 |
| Kürbis in pikanter Soße | 95 |
| Maiskolben vom Grill | 120 |
| Mangoldstiele in Soße | 94 |
| Möhren in Kokosmilch | 96 |
| Möhren mit Lorbeer | 109 |
| Möhren-Pfanne | 86 |
| Nudeln mit grüner Soße | 111 |
| Paprikagemüse | 114 |
| Pfifferling-Ragout | 115 |
| Pikante Möhren-Sellerie-Waffeln | 120 |
| Pikante Spitzkohl-Pfanne | 84 |
| Pilzpfanne mit Reis | 82 |
| Porreegemüse mit gerösteten Nüssen | 103 |
| Porree-Korinthen-Gemüse | 104 |
| Porree-Pfanne mit Hirse | 91 |
| Rote Bete als Gemüsebeilage | 105 |
| Rote-Bete-Puffer | 85 |
| Rotkohl aus der Pfanne | 87 |
| Rotkohl mit Äpfeln | 100 |
| Rübenmus | 119 |
| Schmorgurken mit Dill | 93 |
| Schwarzaugenbohnen als Gemüsebeilage | 101 |
| Schwarzwurzeln mit Apfelweinsoße | 113 |
| Selleriepüree | 103 |
| Spanische Gemüsepfanne | 83 |
| Spinat-Pfannkuchen | 117 |
| Spinatwaffeln | 121 |
| Spiralnudeln mit Kürbissoße | 110 |
| Spitzkohl-Pfanne | 88 |
| Süßsaures Gurkengemüse | 104 |
| Wirsinggemüse mit Aprikosen | 112 |
| Wirsingpfanne mit Mozzarella | 88 |
| Würziges Mischgemüse | 116 |
| Zucchinigemüse mit Schafskäse | 99 |
| Zucchini-Risotto mit Ricotta-Soße | 109 |
| Zuckerschoten in Kerbelsoße | 118 |
| Zwiebelgemüse | 119 |
| Zwiebeln in Rotwein | 102 |
| Zwiebelwaffeln | 122 |

### Wildgemüsegerichte

| | |
|---|---|
| Brennnesselgemüse | 129 |
| Brotbelag mit Gundermann | 127 |
| Buntes Rührei mit Giersch | 132 |
| Frühlingskräuterpesto | 128 |
| Frühlingssuppe mit Wildkräutern | 126 |
| Löwenzahnrisotto | 128 |
| Löwenzahn-Rührei | 133 |
| Sauerampfersoße | 130 |
| Tortellini-Salat mit Wildkräutern | 130 |
| Wildkräuterquark | 131 |

Notizen

Notizen